Das Ende der Neuzeit · Die Macht

Romano Guardini
Werke

herausgegeben
von
Franz Henrich

im Auftrag
des Sachverständigengremiums für
den literarischen Nachlaß Guardinis
bei der Katholischen Akademie in Bayern

Sachbereich
Anthropologie und Kulturkritik

Romano Guardini

Das Ende der Neuzeit
Ein Versuch zur Orientierung

Die Macht
Versuch einer Wegweisung

Matthias-Grünewald-Verlag · Mainz
Verlag Ferdinand Schöningh · Paderborn

Alle Autorenrechte liegen bei der
Katholischen Akademie in Bayern

»Das Ende der Neuzeit«:
10. Auflage 1986, unveränderter Nachdruck der 9. Auflage,
Würzburg: Werkbund Verlag, 1965

»Die Macht«:
7. Auflage 1986, unveränderter Nachdruck der 6. Auflage,
Würzburg: Werkbund Verlag, 1965

CIP-Kurztitelaufnahme der Deutschen Bibliothek

Guardini, Romano:
Werke / Romano Guardini. Hrsg. von Franz Henrich
im Auftr. d. Sachverständigengremiums für d. Literar. Nachlaß
Guardinis bei d. Kath. Akad. in Bayern. – Nachdr. –
Mainz: Matthias-Grünewald-Verlag; Paderborn: Schöningh

NE: Guardini, Romano: [Sammlung]

Das Ende der Neuzeit: e. Versuch zur Orientierung. –
Unveränd. Nachdr. d. 9. Aufl., Würzburg, Werkbund-Verl., 1965.
Die Macht: Versuch e. Wegweisung. – Unveränd. Nachdr. d.
6. Aufl., Würzburg, Werkbund-Verl., 1965.
– 1986.
ISBN 3-7867-1250-6 (Matthias-Grünewald-Verl.)
ISBN 3-506-74521-2 (Schöningh)

© 1986 Matthias-Grünewald-Verlag, Mainz
© 1986 Verlag Ferdinand Schöningh, Paderborn
Das Werk einschließlich aller seiner Teile ist urheberrechtlich
geschützt. Jede Verwertung außerhalb der engen Grenzen des
Urheberrechtsgesetzes ist ohne Zustimmung des Verlags unzulässig
und strafbar. Das gilt insbesondere für Vervielfältigungen,
Übersetzungen, Mikroverfilmungen und die Einspeicherung und
Verarbeitung in elektronischen Systemen.
Gesamtherstellung: Georg Aug. Walter's Druckerei GmbH,
6228 Eltville am Rhein

Inhalt

Das Ende der Neuzeit
Vorbemerkung 9
Daseinsgefühl und Weltbild des Mittelalters 11
Die Entstehung des neuzeitlichen Weltbildes 30
Die Auflösung des neuzeitlichen Weltbildes
und das Kommende 47

Die Macht
Vorbemerkung 97
Das Wesen der Macht 101
Der theologische Begriff der Macht 110
Die Entfaltung der Macht 126
Das neue Welt- und Menschenbild 144
Möglichkeiten des Tuns 176

Das Ende der Neuzeit
Ein Versuch zur Orientierung

Meinem Bruder Mario zugeeignet

Vorbemerkung

Die drei Kapitel dieser Schrift hatten ursprünglich die Aufgabe, eine Vorlesung über die Anschauungen Pascals von der Welt und dem Menschen einzuleiten. In langem Umgang mit den Gedanken des großen Naturforschers, Psychologen und Philosophen der christlichen Existenz war mir deutlich geworden, wie eigentümlich er in der Neuzeit steht. Er gehört zu jenen, welche deren Situation denkend und lebend vollziehen; während aber etwa ein Descartes – der große Zeitgenosse und Gegner Pascals – ganz in ihr aufgeht, reicht dieser über sie hinaus. Und nicht nur so, daß er Gedanken denkt und Verhaltungsweisen entwickelt, welche erst in unserer Zeit ihre ganze Bedeutung entfalten werden, sondern er nimmt schon in der Entstehungsfülle der Neuzeit kritisch zu ihr Stellung. Daraus ergab sich die Frage, von welcher Art die Epoche gewesen sei, in welcher er gelebt hat? Was geschah, als das Mittelalter zerfiel, und die Neuzeit entstand, und wie fand Pascal sich in diesem Vergehen und Werden zurecht? So habe ich in großen Strichen das Wesen der mittelalterlichen Weltansicht zu zeichnen versucht, darauf den Schritt in die neuzeitliche Anschauungs- und Denkform, und das Bild vom Dasein, welches daraus erwuchs. Das schien um so eher möglich, als die Neuzeit im Entscheidenden zu Ende gegangen ist; eine Zeitgestalt aber erst dann ganz sichtbar wird, wenn sie sinkt. So bestand die Aussicht, die Zeichnung durchführen zu können, ohne weder in Bewunderung noch in Ablehnung dem Gegenstande zu verfallen.
Das führte von selbst zu dem weiteren Versuch, einen Blick auf die kommende, noch unbekannte Epoche zu werfen; zu zeigen, wie tief die Umlagerung greift, die überall vor sich geht, und welche Aufgaben daraus erwachsen. Und während mir Descartes in dieser kommenden Zeit keinen Ort zu haben

schien, glaubte ich zu sehen, daß Pascal ihr in lebendiger, ja helfender Weise nahekomme.

Hier soll nun nicht von Pascal gesprochen werden; so könnte man es für unangebracht halten, was als Einleitung zu einem Kolleg über ihn gedacht war, für sich allein vorzulegen. Freunde und Hörer waren aber der Meinung, es könne auch in dieser Form Dienste tun, und ich folge ihrem Rat.

Doch möchte ich betonen, daß es um einen Versuch geht, sich in der verwickelten und noch ganz fließenden Situation unserer Zeit zurechtzufinden. So tragen die folgenden Überlegungen in jeder Beziehung den Charakter der Vorläufigkeit.

Auch ist, trotz aller weiter auf sie verwendeten Arbeit, die ursprüngliche innere Form geblieben. Der Leser findet also in dieser Schrift keine Abhandlung, sondern eine Folge von Vorlesungen, die zuerst im Wintersemester 1947/48 an der Tübinger, dann, im Sommer 1949, an der Münchener Universität gehalten worden sind.

Noch möchte ich darauf hinweisen, daß die hier vorgelegten Gedanken mit denen zusammenhängen, welche in den Schriften »Briefe vom Comer See« (^{1}1927), »Welt und Person« (^{5}1962), »Die Macht« (^{6}1965), »Freiheit, Gnade, Schicksal« (^{1}1948), sowie in den beiden Reden »Der unvollständige Mensch und die Macht« (^{2}1959) und »Die Kultur als Werk und Gefährdung« (^{1}1957) entwickelt sind.

Daseinsgefühl
und Weltbild des Mittelalters

I

Um das Bild zu zeichnen, in welchem der mittelalterliche Mensch die Welt sieht, setzen wir wohl am besten bei jenem Moment ein, das ihm mit dem antiken gemeinsam ist: beiden fehlt die uns vertraute Vorstellung eines endlosen, räumlich-zeitlichen Zusammenhangs. Beide sehen und, was noch wichtiger ist, empfinden die Welt als begrenztes Gebilde, als geformte Gestalt – bildlich gesprochen, als Kugel.
Innerhalb dieser Verwandtschaft zeigen sich aber bedeutsame Unterschiede.

Der antike Mensch geht nicht über die Welt hinaus. Sein Lebensgefühl, sein Vorstellen und Denken halten sich innerhalb ihrer Gestalt und lassen die Frage nach dem, was außer oder über ihr sein könnte, auf sich beruhen.
Dazu veranlaßt ihn zunächst eine unwillkürliche Selbstbescheidung, welche sich scheut, über gewisse Grenzen hinauszugehen; ein tief im antiken Ethos verwurzelter Wille, beim Zugewiesenen zu bleiben. Dann aber und vor allem die Tatsache, daß ihm der feste Punkt außerhalb der Welt fehlt, dessen es zu einem solchen Versuch bedürfte. Die Welt ist für ihn das Ganze einfachhin – worauf sollte sich der Überschritt stützen?
Man könnte antworten: auf die Erfahrung einer göttlichen Wirklichkeit, welche dieses Ganze überstiege, daher »außerhalb« seiner stünde und dem, der sich zu ihr bekennte, einen Standort der Welt gegenüber gäbe. Eine solche Wirklichkeit kennt aber der antike Mensch nicht.
In seinem religiösen Glauben weiß er wohl von einem höchsten »Vater der Götter und Menschen«; dieser gehört

aber ebenso zur Welt, wie der überwölbende Himmel, dessen Numen er ist. Er weiß von einer Schicksalsmacht, die allen, auch den höchsten Göttern gebietet; von einer waltenden Gerechtigkeit und vernunfthaften Ordnung, die alles Geschehen regelt und richtet. Diese All-Mächte stehen aber der Welt nicht gegenüber, sondern bilden deren letzte Ordnung.

Als Philosoph versucht er wohl ein Göttlich Absolutes zu denken, das alles Unvollkommene abgestreift hat. Aber auch damit gelangt er nicht über die Welt hinaus – ja, er will es im Grunde gar nicht. Richtiger gesagt, er kann es nicht wollen, denn dazu müßte er die Überschreitung schon vorweggenommen haben, und das ist nicht der Fall. Das reine Sein des Parmenides etwa, das von allem Welthaft-Konkreten losgelöst scheint, bildet eine Zurückführung der Mannigfaltigkeit des Erfahrbaren auf ein Letzt-Bleibendes; eine Gegenwehr gegen die den griechischen Menschen so tief bedrängende Macht der Vergänglichkeit. Das Gute, welches Platon noch hinter den Ideen als das Endgültig-Eigentliche entdeckt, löst sich nicht vom Weltall los, sondern bleibt dessen ewiger Teil; ein Jenseits innerhalb des Letzt-Ganzen. Der unbewegte Beweger des Aristoteles, der, selbst unveränderlich, alle Veränderungen in der Welt bewirkt, hat seinen Sinn nur mit Bezug auf das Gesamt-Sein eben dieser sich beständig verändernden Welt. Und das Über-Eine Plotins, Ergebnis einer äußersten Anstrengung, über die Welt der Dinge und des Menschen hinauszugelangen, steht doch in unzertrenntem Zusammenhang mit ihr: es ist die Quelle, aus welcher mit Notwendigkeit die Mannigfaltigkeit des Seienden hervorströmt, und wieder das Ziel, zu dem sie durch Eros und Läuterung zurückkehrt. Der antike Mensch weiß also von keinem Punkt außerhalb der Welt: so kann er auch keinen Versuch machen, sie von ihm aus zu betrachten und zu formen. Er lebt vielmehr mit Gefühl und Vorstellung, Handlung und Werk in ihr. Alle Bewegungen, die er vollzieht,

auch noch die kühnsten, in die entlegensten Bereiche führenden, verlaufen innerhalb der Welt.
Man wendet vielleicht ein, um diese Welt als geformte Gestalt vorstellen zu können, müsse sie angeschaut worden sein; das aber setze einen Ort voraus, welcher den dazu nötigen Abstand gebe. Das trifft aber, wenn ich recht sehe, für den antiken Menschen nicht zu. Er betrachtet die Welt in keinerlei Sinn »von außen« her, sondern nur »von innen«. Ihr Bild ist das Ergebnis einer Selbstbegrenzung, welche das Chaotisch-Endlose abwehrt und auf das Übermäßige verzichtet – und eines Harmoniegefühls, welches das Seiende als »Kosmos«, als Schön-Geordnetes empfindet.

So wird denn auch kein Versuch gemacht, zu tun, was für den mittelalterlichen Willen charakteristisch ist: die Welt als Ganzes durchzukonstruieren und darin dem einzelnen einen irgendwie notwendigen Ort anzuweisen. Das Leben bleibt freizügig.
Das zeigt sich vor allem in religiöser Beziehung.
Die Welt wird als göttlich erfahren. Sie geht aus einer »*archē*«, einem inneren Ursprung hervor und durchläuft den Weg, den Ordnung und Schicksal ihr vorzeichnen; Ursprung aber, Ordnung und Schicksal gehören zu ihr selbst. Sie ist das All-Seiende und All-Ausfüllende, die Wirklichkeit einfachhin; nicht nur empirischer oder geschichtlicher, sondern vor allem numinoser Art. Das Göttliche ist das Ur- und Geheimniselement der Welt. Der Mensch aber ist in ihr, und sie ist im Menschen: das zu erfahren und zu bejahen, bildet den religiösen Grundbezug.
Göttlich sind auch die verschiedenen Wesenheiten und Mächte der Welt. Aus dieser Erfahrung geht der Mythos hervor. Mythen sind Gestalten und Geschehnisse, welche die Welt und ihre Elemente deuten – und ebenso den Menschen, der kraft seines Geistes ihr gegenübertritt und doch wieder zu ihr gehört. So geben sie letzterem eine Möglichkeit, sich im Dasein zurechtzufinden.

Diese Mythen bilden wohl eine Einheit, aber nicht rational-systematischer, sondern lebendiger Art. Sie bleiben beständig in Bewegung; entfalten sich, verschieben sich, verschmelzen miteinander, gestalten sich um.
Mit der Zeit löst sich das religiöse Empfinden von der mythischen Grundlage ab und verbindet sich mit philosophischen Motiven und ethischen Zielsetzungen, es behält aber einen freizügigen Charakter. Jeder Anspruch auf Vollständigkeit und Endgültigkeit fehlt. Je nach dem denkerischen Ansatz nimmt es eine verschiedene Bestimmung an. Die Religiosität des Empedokles ist anders als die der Pythagoräer. Die des Parmenides anders als die des Sokrates. Platon und Aristoteles, Stoa und Plotin – jeder neue Ansatz drückt wohl eine Überzeugung aus, läßt aber andere offen, so daß man den Eindruck gewinnt, der religiöse Geist versuche die verschiedenen Möglichkeiten durch, welche der philosophische Geist ihm in immer neuen Sichtweiten öffnet.
Die gleiche Beweglichkeit eignet dem wissenschaftlichen Bemühen.
Der griechische Geist ist in rastlosem Fragen begriffen. Er will wissen, wie es sich mit der Welt verhalte. Nichts steht fest; alles bleibt offen. Jede Betrachtungsweise ist möglich und kann in Wettkampf mit jeder anderen treten, soweit nicht gewisse mit dem Grundcharakter der Polis gegebene Grenzen es verbieten – siehe etwa die Prozesse des Anaxagoras und des Sokrates. So sucht er und forscht. Er experimentiert mit den verschiedensten Voraussetzungen, bis am Ende nicht bloß eine Fülle von Erkenntnissen gewonnen ist, sondern sich geradezu eine Typologie möglicher Stellungnahmen und Auffassungsformen herausgebildet hat.
Entsprechendes zeigt sich im sozialen und politischen Leben. Es bringt in den verschiedenen griechischen Staaten je nach ihren geographischen und volksmäßigen Voraussetzungen die mannigfachsten Gestalten hervor. Eine selbstverständliche Einordnung des einzelnen in die Polis verbindet sich mit einem ebenso selbstverständlichen *Agōn* politischen Ehrgei-

zes. Ein beständiges Wetteifern und Kämpfen treibt die in den historischen Ansätzen liegenden Formen heraus, um sich dabei aber auch rasch zu verzehren. Daß es freilich den Griechen nicht gelungen ist, das ganze Hellas in einem einheitlichen politischen Gebilde zusammenzufassen; ja, daß sie es im Grunde wohl gar nicht gewollt haben, selbst dann nicht, als darin die einzige Möglichkeit geschichtlichen Fortbestehens gelegen hätte, sie sich vielmehr in sinnlosen Kämpfen zerrieben haben, bis die halbbarbarischen Makedonier eine Art Einheit herstellten, bildet einen Einwand gegen ihre Daseinsform, welcher von der Bewunderung nicht ernst genug genommen wird.
So wäre noch vieles anzuführen und immer würde das nämliche Bild hervortreten: eine auf Grund seinsmäßiger und gedanklicher Urphänomene sich entfaltende, ebenso fruchtbare wie gefahrvolle Freizügigkeit der menschlich-kulturellen Bewegung.
Bei einer einzigen antiken Erscheinung könnte man versucht sein, von einer umfassenden Konstruktion des Daseins zu sprechen, nämlich beim römischen Staat. Er unternimmt es wirklich, den »orbis terrarum« zu organisieren. Römische Geistesart ist aber so realistisch, allem Theoretischen, vollends allem Metaphysischen so abgeneigt und bei aller Härte im Politisch-Notwendigen dem Leben gegenüber so weitherzig, daß auch in ihrem Bereich die antike Freizügigkeit nicht aufgehoben wird.

II

Im Mittelalter wandeln sich Haltung und Weltbild von Grund auf.
Der Mensch glaubt an die biblische Offenbarung. Diese macht ihn einer Gotteswirklichkeit gewiß, welche außer und über der Welt steht. Wohl ist Gott auch in der Welt, denn sie

ist von Ihm geschaffen, wird von Ihm gehalten und erfüllt; Er gehört aber nicht zur Welt, sondern ist ihr gegenüber souverän. Diese Unabhängigkeit wurzelt in seiner echten Absolutheit und reinen Personalität. Der absolut personale Gott kann in keiner Welt aufgehen, sondern existiert in sich, Herr seiner selbst. Er liebt die Welt, aber Er hängt nicht von ihr ab. Die mythischen Gottheiten stehen und fallen mit ihrem Weltbereich; die philosophischen Absolutheitswesen mit der Ganzheit des Alls; Gott bedarf der Welt unter keinem Betracht. Er besteht in sich und genügt sich selbst.
Diese Souveränität bekundet sich grundlegenderweise durch die Schöpfung. Der echte Begriff des Schaffens, welches die Welt ohne jede innere Notwendigkeit noch äußere Vorgegebenheit, in freier Allmacht, durch das gebietende Wort aus dem Nichts in Wesen und Wirklichkeit stellt, findet sich nur im biblischen Raum. Überall sonst hat die Vorstellung der Weltbegründung mythischen Charakter: das Ur-Numen entwickelt sich zur Welt, oder eine göttliche Form-Macht gestaltet ein ebenso göttliches Chaos. Nach der biblischen Offenbarung hingegen ist die Welt durch den Gott geschaffen, der seinerseits in keinem Sinne, weder um zu sein, noch um zu schaffen, der Welt oder eines Weltelementes bedarf. Glauben heißt nun, der Selbstoffenbarung dieses Gottes vertrauen und ihr gehorchen; seinen die endliche Personalität begründenden Anruf entgegennehmen und das eigene Leben auf Ihn beziehen.
Dadurch entsteht eine neue, weder vom Mythischen noch vom Philosophischen her zu gewinnende Grundlage des Daseins. Die mythische Bindung des Menschen an die Welt zerreißt. Eine neue Freiheit öffnet sich. Ein neuer Abstand von der Welt erlaubt einen Blick auf sie und eine Stellungnahme zu ihr, welche von Begabung und Kulturstand unabhängig sind und dem antiken Menschen versagt waren. Damit wird aber auch eine Durchgestaltung des Daseins möglich, an die vorher nicht gedacht werden konnte. Bedeutungsvoll für die mittelalterliche Geisteshaltung wird ferner der Einstrom

des germanischen Wesens. Unter unserem Gesichtspunkt scheint für letzteres besonders die innere Dynamik, der Trieb ins Unbegrenzte charakteristisch, wie er sich religiös im Charakter der nordischen Mythologie und geschichtlich in der Rastlosigkeit der germanischen Wanderungen und Heerzüge ausdrückt. Dieser Trieb kommt auch innerhalb des christlichen Glaubens zur Geltung, und es vollzieht sich die gewaltige mittelalterliche Bewegung über die Welt hinaus.
Sie ist nicht aus dem christlichen Gottesverhältnis allein zu erklären, denn die ersten Jahrhunderte kennen sie noch nicht. In ihnen wirkt die antike Selbstbescheidung nach und macht, daß die Erfahrung der überweltlichen Wirklichkeit Gottes sich mehr in der Form einer inneren Freiheit und einer Verantwortung für das Dasein zum Ausdruck bringt. Erst nachdem im Laufe der Völkerwanderung und der darauffolgenden Jahrhunderte das germanische Ferment den europäischen Raum durchsetzt hat, wird die neue Haltung frei. Sie steigt über die Welt hinaus zu Gott empor, um sich von Ihm her zur Welt zurückzuwenden und sie zu formen.
Hinzu kommt der ebenfalls germanische Drang zum Allumfassenden und Ganzen; der Wille, die Welt zu umspannen und zu durchdringen. So versteht man, wie die Konstruktion des Mittelalters, das System seiner kosmischen und existentiellen Ordnungen entstehen konnte. Es soll unter einigen Gesichtspunkten betrachtet werden.

Das Bild des äußeren Kosmos ist, wenn auch weiter durchdacht, das alte ptolemäische. Es empfängt aber aus der biblischen Lehre von Gottes Souveränität, Urbildlichkeit, Schöpferkraft und Weltregierung einen neuen Charakter, sowie neue metaphysisch-religiöse Symbolwerte.
Das Ganze des Kosmos erscheint als Kugel. In ihrer Mitte befindet sich die ebenfalls kugelgestaltige Erde. Um diese kreisen die Sphären, ungeheure Schalen aus unvergänglicher Substanz, welche die Gestirne tragen; deshalb notwendig, weil Altertum wie Mittelalter von den Gesetzen der Gravita-

tion nichts wissen und daher eine freie Bewegung der Weltkörper im Raum nicht denken können. Es sind ihrer neun; die letzte, das »*primum mobile*«, schließt die Welt ab.
Um sie her liegt das Empyreum, das Lichthaft-Brennende. Es vorzustellen, ist nicht möglich, weil ja »die Welt« das Ganze des Geschöpflich-Seienden bildet. Andererseits ist diese Welt aber endlich, so daß etwas sein muß, das an sie »angrenzt«. Damit geht das astronomische Bild in ein religiöses, genauer gesagt, in ein religiös bedingtes Un-Bild über: das Empyreum ist der Ort Gottes. In dieser Aussage kann das Element »Ort« ebenso wenig vollzogen werden, wie das Element »Gott«, und doch muß das religiöse Bewußtsein beide festhalten.
Bildet das Empyreum den »Ort Gottes« im Draußen und Droben, die Transzendenz über die Welt hinaus, so ist sein Gegen-Ort die Mitte des Irdischen, das tiefste Innen. Auch dieses Moment geht ins Religiöse über. Das kann negativ geschehen, indem es sich mit den alten Vorstellungen der Unterwelt, den Affekten der Verlorenheit und des Grauens verbindet: dann ist die Erdentiefe der Ort des Widerspruchs gegen Gott, die Hölle – siehe Dantes Göttliche Komödie. Oder aber positiv, und zwar so, daß es nicht in das Physisch-Kosmische, sondern in die Innerlichkeit des Menschen, die Sphäre des Herzens verlegt wird: dann ist es der »Seelengrund«.

Daß auch der Innerlichkeitsort Gottes unvorstellbar ist, wird deutlich, wenn der Geist bis zum Kern des Gedankens, das heißt, zur Grenze der »inneren Endlichkeit« vordringt. An sich ist sie ebenso unvollziehbar wie die der Weite oder Höhe; wird sie aber behauptet, wie das mittelalterliche Weltbild es tut, dann fordert sie vom Geiste, auch das zu denken, was »auf ihrer anderen Seite«, also nach innen hin liegt: ein Nicht-Etwas und Doch-Etwas; der Überschritt in die Welt hinein, das heißt aber, die Immanenz. Auch da »wohnt« Gott. Im Empyreum tut Er es in der Weise der Hoheit; im Seelengrund in jener der Innigkeit. Beides »Orte« der Entrückung, über

die Pole der Existenz hinaus, nach Oben und nach Innen[1].
Zwischen ihnen schwebt die Welt. Sowohl als Ganzes wie in
jedem ihrer Elemente ist sie Gottes Bild. Der Rang des jeweils
Seienden wird durch Wert und Maß seiner Abbildlichkeit
bestimmt. Die verschiedenen Wesensbereiche stehen ihrerseits in Beziehung zueinander und bilden so die Ordnung des
Seins: des Leblosen, der Pflanzen, der Tiere. Im Menschen
und seinem Leben sammelt sich das All, um eine neue
Ordnung zu entfalten: die des Mikrokosmos in der Fülle
seiner Stufen und Bedeutungen. Die ganze Vorstellung ist
astronomisch widerlegt. Sie drückt aber das Bild des unmittelbaren Augenscheines aus; so hat sie eindringlichste symbolische Kraft und ist existentiell immer noch richtig.

Was bedeutet für das Mittelalter die Erkenntnis und deren
Ertrag, die Theorie?
Wieder ist ausschlaggebend, daß es außer und über allen
Gegebenheiten des Weltdaseins einen absoluten Stützpunkt
gibt: die Offenbarung. Sie wird durch die Kirche im Dogma
formuliert und durch den einzelnen im Glauben aufgenommen. Die Autorität, die Kirche, bedeutet Bindung; andererseits ermöglicht sie aber auch den Aufstieg über die Welt und
das eigene Selbst in eine nur so sich öffnende Freiheit des
Schauens. Die Wahrheit der Offenbarung wird meditiert und
mit den Mitteln unterscheidender und verbindender Logik zu
einem großen Zusammenhang, dem theologischen System,
entfaltet.
Eine wissenschaftliche Erforschung der Welt im neuzeitlichen Sinne kennt das Mittelalter kaum. Auch in dieser
Beziehung bildet den Ausgangspunkt eine Autorität, nämlich
die Literatur der Antike, vor allem des Aristoteles. Das
Verhältnis des Mittelalters zur Antike ist sehr lebendig, aber
von anderer Art als das der Renaissance. Letzteres ist reflektiert und revolutionär; es braucht die Bejahung der Antike als

---

[1] Dazu Guardini, »Welt und Person«, Würzburg ⁵1962, S. 1 ff.

Mittel, um sich von der Überlieferung abzusetzen und von der kirchlichen Autorität zu befreien. Das Verhältnis des Mittelalters hingegen ist naiv und konstruktiv. Es sieht in der antiken Literatur den unmittelbaren Ausdruck der natürlichen Wahrheit, entwickelt ihren Inhalt und denkt ihn weiter. Die Widersprüche zwischen ihr und der Offenbarung werden zu Ende des 12. und im ersten Teil des 13. Jahrhunderts noch stark empfunden; nachdem sich aber das erste Mißtrauen verloren hat, sieht man das Wort der alten Philosophen als einfachhin »gegeben« an. Es erscheint als natürlicher Diener der Offenbarung, wie die Natur; sozusagen als Natur zweiten Grades. Wenn Dante Christus »*sommo Giove*« nennt, dann tut er das gleiche, wie wenn die Liturgie in Ihm den »*sol salutis*« sieht – also etwas ganz anderes, als wenn ein Schriftsteller der Renaissance christliche Gestalten mit Namen der antiken Mythologie bezeichnet. Dieses ist ein Zeichen mangelnder Unterscheidung oder innerer Skepsis; jenes ein Ausdruck des Bewußtseins, die Welt sei Eigentum derer, die an den Schöpfer der Welt glauben. Unstimmigkeiten aber zwischen antiken Äußerungen untereinander, ebenso wie solche zwischen ihnen und der Offenbarung werden durch eine vermittelnde Deutung ausgeglichen.
Das Ganze findet seinen Ausdruck in den Synthesen mittelalterlicher Erkenntnisarbeit, den *Summen,* in denen sich Theologie und Philosophie, Gesellschafts- und Lebenslehre verbinden. Sie bilden mächtige Konstruktionen, welche den neuzeitlichen Geist so lange fremd anmuten, bis er begriffen hat, was sie zutiefst wollen: nicht die Unbekanntheit der Welt empirisch erforschen, oder deren Tatsachen mit rationaler Methode aufhellen, sondern einerseits aus dem Inhalt der Offenbarung, andererseits aus den Prinzipien und Einsichten antiker Philosophie heraus »Welt« bauen. Sie enthalten aus Gedanken errichtete Welt; ein Ganzes, dessen unendliche Differenzierung und großartige Einheit mit dem Bilde der Kathedrale verglichen werden kann, in welcher alles außer dem nächst-wirklichen auch einen symbolischen Charakter

hat und dem Menschen ein religiöses Leben und Schauen ermöglicht.

Das ist natürlich überspitzt auf den Gesichtspunkt dieser Überlegungen hin gesagt und darf nicht mißverstanden werden. Es bedeutet nicht, das Mittelalter habe nur mit fremdem Gedankenmaterial gearbeitet, oder gar, es sei ihm nicht um ernsthafte Erkenntnis gegangen. Einmal liegt in der antiken Weltbetrachtung selbst eine Fülle echter Wahrheit, deren Aneignung bereits Erkenntnis bedeutet. Das Angeeignete wird dann selbständig weiter- und umgedacht. Auch steht ja der mittelalterliche Denker, wenn er denkt, vor den Phänomenen selbst, welche ihm durch Dingerfahrung und Wesensbetrachtung, Lebenssituation und Daseinszusammenhang vermittelt werden. So gewinnt er eine Fülle noch heute gültiger Einsichten. Die mittelalterliche Anthropologie ist, im Grundlegenden wie im Ganzen gesehen, der neuzeitlichen überlegen. Die Sitten- und Lebenslehre sieht ein volles Sein und führt zu höheren Verwirklichungen. Die Rechts- und Gesellschaftstheorie erfaßt und ordnet das in der Zeit gegebene Gemeinschaftsleben und enthält wichtige grundsätzliche Erkenntnisse.

Was aber dem mittelalterlichen Denker fehlt, ist der Wille zu empirisch-exakter Wirklichkeitserkenntnis. Wenn er sich also unter die Führung der antiken Autoritäten stellt, entsteht die Gefahr unfreier Gedankenwiederholung. Andererseits aber auch eine Möglichkeit denkerischer Konstruktion, welche die individualistische Neuzeit nicht kennt. Um so mehr, wenn man bedenkt, daß es sich nicht nur um den einzelnen, sondern auch um die Zusammenhänge von Schule und Überlieferung handelt. Darin liegen die Chancen der Vertiefung und Verfeinerung, die bis zur Vollkommenheit führen können. Was die Ordnungen des Zusammenlebens, also Staat und Gesellschaft angeht, so sind sie von zwei großen Ideen beherrscht: der Kirche und des Reiches, verkörpert im Papst und im Kaiser. Auch sie gehen auf überweltliche Gegebenheiten, nämlich auf göttliche Gnade und Einsetzung zurück und

bestimmen von dorther das Leben in der Welt. Der Papst trägt die dreifache Krone und hat die Schlüssel Petri in der Hand; der Kaiser wird mit dem blauen, sternbestickten Mantel bekleidet, der das Himmelsgewölbe, und er trägt den Reichsapfel, der die Erde bedeutet.
Mit Bezug auf diese transzendenten Gewährspunkte sind die Ordnungen des Zusammenlebens ebenfalls genau durchkonstruiert, von oben herab und von unten hinauf, in Symbolen, Ämtern und Funktionen, Ständen und Lebensvorgängen.
Über den beiden irdischen Gemeinschafts- bzw. Ganzheitsordnungen liegt die himmlische der rein geistigen Wesen, der Engel. Himmlische und irdische Ordnung, innerhalb letzterer Kirche und Staat, stehen zueinander im Verhältnis mannigfacher Entsprechungen und bilden, der Idee nach, eine große Einheit: die Hierarchie.
Zwischen Kirche und Staat spielen mächtige Spannungen; die ganze Geschichte des Mittelalters wird von ihnen bestimmt. Der Kampf zwischen Kaiser und Papst hat aber einen tieferen Sinn, als er sich dem ersten Blick darstellt. In ihm geht es nicht nur, ja im letzten überhaupt nicht um äußerlich-politische Macht, sondern um die Einheit der Daseinsordnung. Die Kaiser machen den Versuch, mit Hilfe des Lehnsrechts sich die Kirche zu unterwerfen, und unter dem Druck des noch von der Völkerwanderung her wirksamen Chaos gelingt es ihnen anfangs. Die Päpste leiten aus dem Charakter des geistigen Amtes dessen Vorzug ab, fordern die Unterwerfung des Kaisertums, und unter Gregor VII. bzw. Innozenz III. wird tatsächlich für kurze Zeit auf dieser Grundlage die Einheit hergestellt. Eine dritte Theorie zieht aus den geschichtlichen Erfahrungen die Konsequenzen und baut die Gesamtordnung auf zwei Prinzipien auf, die erst in Gottes höchster Autorität zusammenlaufen. Hinter allen Versuchen steht aber der gleiche Gedanke: die Gesamtordnung des menschlichen Daseins müsse von der überweltlichen Hoheit Gottes her begründet und durchgegliedert werden.
Die Hierarchien von Kirche und Staat, über denen jene der

Engel steht, ordnen die Mannigfaltigkeit des Daseins im Zugleich des architektonischen Aufbaus – eine Ordnung gibt es aber auch im Nacheinander der Geschichte. Sie liegt in der Idee der Weltperioden, wie sie – ausgehend von Gedanken des Alten Testamentes, siehe die Prophetie Daniels 7-12 – vor allem Augustinus in seiner »Civitas Dei« entfaltet hat. Das Mittelalter nimmt seine Theorien auf und entwickelt sie weiter.

Wieder zeigt sich die Grundvorstellung eines zwar sehr großen, aber begrenzten Ganzen, dadurch erblickbar, daß die Offenbarung dem Glaubenden einen Standort gibt und ein Auge öffnet, welche ihn aus dem unmittelbaren Dasein herausheben. Dieses Ganze beginnt mit dem Anfang der Schöpfung, kulminiert in der Menschwerdung des Sohnes Gottes – der »Fülle der Zeit« – und endet mit dem Untergang der Welt und dem Gericht. Das Dazwischenliegende wird durch Perioden, die Weltzeitalter, gegliedert, welche ihrerseits in Parallele zu den Tagen der Schöpfungswoche stehen. Die Geburt Christi leitet unsere – die letzte – Periode ein und ist von der Erwartung seiner Wiederkunft und seines Gerichtes erfüllt.

Diese Anschauungen werden grundsätzlich in theoretischen Schriften, wie Bonaventuras »Darlegungen zum Sechstagewerk«, entwickelt, praktisch in zahlreichen Chroniken durchgeführt. Letztere fügen die noch erinnerten Ereignisse der Geschichte bis zur Gegenwart des Erzählenden in den großen Zusammenhang ein. Dadurch entsteht ein charakteristisches Gefühl von Geschehen: Es wird durch klaren Anfang und entschiedenes Ende umfaßt, gleichsam unter Randdruck gesetzt, und von dort her geordnet. So hat das Jetzt des Existierens einen deutlich empfundenen Ort im Ganzen der Weltzeit – um so bedeutungsvoller, als im Leben jedes Erlösten die Menschwerdung Gottes mit ihrem Verhältnis von Ewigkeit und Zeit wirksam wird, und aus der bloßen Zeitstelle des Jetzt den über die Existenz entscheidenden »Augenblick« macht.

Von einem unmittelbar religiösen Gesichtspunkt aus entsteht eine Gesamtordnung des Daseins im Kult. Dieser vollzieht im jeweiligen geschichtlichen Augenblick durch symbolische Formen immer neu das ewig gültige Heilsgeschehen.

Seine architektonisch-raumhafte Gestalt ist der Bau der Kirche; vor allem jener des Bischofssitzes, der Kathedrale, welche zu den anderen Kirchen des Bistums in einem Verhältnis der Überordnung und Herleitung steht. Letztere breiten ihrerseits ihren Bedeutungsraum durch Friedhöfe, Kapellen, Wegkreuze usw. in den freien Raum aus und schaffen den Zusammenhang des geheiligten Landes. Was den Kirchenbau selbst angeht, so zeigt der Ritus seiner Weihe, daß er das Ganze der Welt symbolisiert. Aber auch innerhalb seiner ist alles, von der Richtung seiner Achse bis zum einzelnen Gerät, mit symbolischen Bedeutungen gesättigt, in denen Elementarbilder der Existenz mit solchen des Heilsgeschehens verschmelzen. Hinzu kommen die zahllosen figürlichen Darstellungen heilsgeschichtlicher Gestalten und Vorgänge durch Plastik, Malerei und Fensterkunst. Aus alledem entsteht ein Ganzes, welches dem Schauenden die Welt der Glaubenswirklichkeit vor Augen bringt.

Das gleiche geschieht im Nacheinander der Feste und Zeiten des Kirchenjahres. Letzteres verbindet den Jahreslauf der Sonne mit seinen Rhythmen, das Jahr des Lebens mit seinen Gezeiten und das Leben Christi als den Lauf des »*sol salutis*« zu einer unerschöpflichen Einheit. Sie wird noch einmal dadurch bereichert, daß zu den Festen Christi jene der Heiligen kommen, in denen sich gewissermaßen die christliche Geschichte zusammenfaßt. Dieses Ganze vollzieht sich Jahr um Jahr in der Liturgie jeder Kirche und bildet den Zeitrhythmus der Gemeinde. Indem sich aber auch die Ereignisse der Familie und des Einzellebens, Geburt, Hochzeit und Tod, Arbeit und Ruhe, das menschliche Geschehen der Jahreszeiten, Wochen und Tage in den Lauf des Kirchenjahres eingliedern, wirkt dessen Ordnung bis in die letzte Bewegung des Lebens.

Außer durch Raum- und Zeitform ist der Kult auch literarisch gestaltet. Autoritär und in hohem Stil durch Pontificale und Rituale, Meßbuch und Brevier; volkstümlich durch weit verbreitete Hausbücher wie die *Legenda aurea*. Die verschiedenen Bereiche der Welt und des Lebens mit ihren Stufen und Phasen stehen zueinander in reich entwickelten Entsprechungsverhältnissen, nach Urbildung und Abbildung, Grundlegung und Entfaltung, Ausgang und Rückkehr – welche Verhältnisse ihrerseits auf das Ewige bezogen sind, so daß eine universelle Symbolik das ganze Dasein durchwaltet. Den vielleicht mächtigsten Ausdruck findet diese zur Einheit geformte Weltfülle in Dantes Göttlicher Komödie. Sie entsteht am Ende des Hochmittelalters, in einem Augenblick, da dessen Gestalt bereits zu sinken beginnt. Um so klarer wird sie geschaut, um so inbrünstiger geliebt und mit um so leuchtenderer Herrlichkeit dargestellt.

III

Um das Wesen des Mittelalters richtig zu sehen, muß man sich von jenen polemisch bestimmten Wertungen freimachen, die in der Renaissance und Aufklärung entstanden sind und sein Bild bis in unsere Zeit hinein verzerren – freilich aber auch von den Verherrlichungen der Romantik, welche dem Mittelalter einen geradezu kanonischen Charakter geben und manch einen gehindert haben, in ein unbefangenes Verhältnis zur Gegenwart zu kommen.
Vom neuzeitlichen Weltgefühl her beurteilt, erscheint das Mittelalter leicht als ein Gemisch von Primitivität und Phantastik, Zwang und Unselbständigkeit. Dieses Bild hat aber mit geschichtlicher Erkenntnis nichts zu tun. Der Maßstab, an welchem eine Zeit allein gerecht gemessen werden kann, ist die Frage, wie weit in ihr, nach ihrer Eigenart und Möglichkeit, die Fülle der menschlichen Existenz sich entfal-

tet und zu echter Sinngebung gelangt. Das ist im Mittelalter in einer Weise geschehen, die es den höchsten Zeiten der Geschichte zuordnet.

Einige Züge seines Gesamtbildes mögen besonders bzw. noch einmal herausgehoben werden.
Das Mittelalter ist von einer Religiosität erfüllt, die ebenso tief wie reich, ebenso mächtig wie zart, ebenso eindeutig im Grundsätzlichen wie originell und vielfältig in der individuellen Verwirklichung ist. Dabei versteht es sich von selbst, daß gerade in der Stärke und Unmittelbarkeit des religiösen Lebens auch die verschiedensten Möglichkeiten zu Irrgängen und Fehlentwicklungen liegen.
Die religiöse Ausstrahlung der zahlreichen Klöster ist kaum zu überschätzen[2]. Ebensowenig die Wirkung, welche das Bewußtsein der Zeit durch so viele Beter, Büßer und Mystiker erfährt. Aus diesen Quellen kommt ein beständiger Einstrom religiöser Erfahrung, Weisheit und Sinnvergewisserung, der in jede Form und Schicht des Lebens hineinwirkt.
Im mittelalterlichen Menschen drängt ein gewaltiges Verlangen nach Wahrheit. Kaum je – vielleicht mit Ausnahme der klassischen chinesischen Kultur – ist dem Mann der Erkenntnis, dem Gelehrten, eine solche Bedeutung gegeben worden, wie es damals geschehen ist.
Der Erkenntniswille hat aber nicht die neuzeitliche Form des Forschens. Er geht nicht der Wirklichkeit der Natur oder der Geschichte nach, um sie empirisch festzustellen und theoretisch zu bewältigen; sondern versenkt sich meditierend in die Wahrheit, um aus ihr heraus eine geistige Konstruktion des Daseins zu vollziehen. Die Grundlagen der Wahrheit selbst

---

[2] Zu einer gewissen Analogie mag auf die Bedeutung hingewiesen werden, welche Kultstätten wie Delphi, Dodona, Epidauros u. a. für das griechische Leben hatten. Unsere Zeit hat keine allgemein bejahten Kulturzentren mehr. Was dieser Ausfall an religiöser Strahlung für das Leben des Ganzen wie der einzelnen bedeutet, dürfte nicht zu ermessen sein.

sind ihm autoritativ gegeben; der göttlichen in Schrift und Kirchenlehre, der natürlichen in den Werken der Antike. Diese Grundlagen werden entwickelt, das erfahrungsgemäß Gegebene von ihnen her verstanden und so eine Fülle neuer Erkenntnis gewonnen. Die Haltung des eigentlichen Forschens aber fehlt. Wo sie auftaucht, wird sie leicht als fremd, ja als unheimlich empfunden. Es ist bezeichnend, daß Albert der Große, obwohl für heilig angesehen, in Sage und Legende den Charakter eines Magiers angenommen hat.

Dazu kommt ein elementares Bewußtsein vom Symbolgehalt des Daseins.
Der mittelalterliche Mensch sieht überall Symbole. Das Dasein besteht für ihn nicht aus Elementen, Energien und Gesetzen, sondern aus Gestalten. Die Gestalten bedeuten sich selbst, aber, über sich selbst hinaus, Anderes, Höheres; zuletzt das Eigentlich-Hohe, Gott und die ewigen Dinge. So wird jede Gestalt zum Symbol. Sie weist über sich hinaus. Man kann auch, und richtiger, sagen: sie kommt von über sich herab, von jenseits ihrer hervor. Diese Symbole finden sich überall: im Kult und in der Kunst; im Volksbrauch und im gesellschaftlichen Leben. Ja sogar in der wissenschaftlichen Arbeit wirken sie sich aus; etwa kann man, und nicht selten, bemerken, daß die Auflösung eines Phänomens oder die Entwicklung einer Theorie durch Zahlensymbole beeinflußt wird, die nicht in der Sache selbst, sondern im formalen Fortgang der Gedankenführung liegen. Die philosophisch-theologischen Summen sind nicht nur Systeme dessen, was das Seiende »ist«, sondern auch dessen, was es »bedeutet«. Und diese Bedeutung liegt nicht nur in den Inhalten, die ausgesprochen werden, sondern auch in den Formen ihrer Entfaltung.
Darin zeigt sich bereits ein viertes Element des mittelalterlichen Grundwillens an: das künstlerische.
Die Gestaltung ist nicht nur ein zum eigentlich wichtigen »Was« hinzukommendes, zwar wünschenswertes, aber im

letzten unwesentliches »Wie«, sondern der Wille zur Wahrheit ist mit dem zur Gestaltung unlöslich verbunden. Eine »*quaestio*« untersucht ein Problem: ihr Aufbau bildet die Gewähr dafür, daß die Untersuchung klar, Für und Gegen wohl erwogen und das Verhältnis zur Denkarbeit der vorausgehenden Zeit entsprechend berücksichtigt sind. Zugleich hat sie aber auch einen ästhetischen Wert, wie ein Sonett oder eine Fuge. Sie ist nicht nur gesagte, sondern geformte Wahrheit. Die Form als solche sagt etwas über die Welt aus – und wäre es nur, daß deren Wesen in solcher Geformtheit ausgesprochen werden kann. Das Ganze aber, das sich aus »*articuli*«, »*quaestiones*« und »*partes*« aufbaut, die »*Summa*«, bildet eine Ordnung, in welcher der Geist weilen kann. Sie ist nicht nur ein Buch der Lehre, sondern auch ein Raum des Existierens, weit, tief und geordnet, so daß der Geist in ihm seinen Ort findet, Disziplin übt und Bergung erfährt.

Was aber die Autorität angeht, so ist es nicht nur wohlfeil, sondern falsch, von »Unfreiheit« zu reden. Der Affekt dieses Urteils kommt aus dem Autonomie-Erlebnis der Neuzeit, das sich gegen die autoritäre Denkweise des Mittelalters durchgekämpft hat; aber auch aus dem Ressentiment der gleichen Neuzeit, welche weiß, daß in ihr die Revolution zum dauernden Zustand geworden ist. Da aber die Autorität ein Grundelement nicht nur des unmündigen, sondern jedes Menschenlebens, auch des reifsten ist; nicht nur eine Hilfe für den Schwachen, sondern wesenhafte Verkörperung von Hoheit, muß die Zerstörung der Autorität ihr Zerrbild, nämlich die Gewalt, erzeugen.

Solange das Daseinsgefühl des mittelalterlichen Menschen einheitlich bleibt, empfindet er die Autorität nicht als Fessel, sondern als Beziehung zum Absoluten und als Standort im Irdischen. Sie gibt ihm die Möglichkeit, ein Ganzes von einer Größe des Stils, einer Intensität der Form und einer Vielfalt lebendiger Ordnungen aufzurichten, mit dem verglichen unser Dasein ihm wahrscheinlich als höchst primitiv erscheinen würde.

Das alles verändert aber seinen Charakter, wie sich, in der zweiten Hälfte des 14. und im 15. Jahrhundert, das Lebensgefühl wandelt. Nun erwacht das Verlangen nach individueller Bewegungsfreiheit und damit das Gefühl, durch die Autorität eingeengt zu sein.

Die Entstehung
des neuzeitlichen Weltbildes

I

Die mittelalterliche Weltgestalt wie auch die menschlich-kulturelle Haltung, die sie trägt, beginnen sich im 14. Jahrhundert aufzulösen. Der Prozeß geht durch das 15. und 16. hin und verdichtet sich im 17. Jahrhundert zu einem deutlich bestimmten Bild.

Um zu verstehen, wie das geschieht, fassen wir wieder die verschiedenen Lebens- und Schaffensbereiche ins Auge. Freilich dürfen wir dabei nicht – ebensowenig wie das in der vorausgegangenen Schilderung des mittelalterlichen Weltbildes geschehen durfte – eines davon als »Ursache« ansehen und die anderen von ihm ableiten. Es handelt sich vielmehr um ein Ganzes, worin jedes Element jedes andere trägt und bestimmt: um Dasein also, Daseinsgefühl, -verständnis und -gestalt.

Dabei beginnen wir wohl am besten mit der Entstehung der neuzeitlichen Wissenschaft.

Wie bereits dargelegt wurde, bedeutet für den mittelalterlichen Menschen Wissenschaft entscheidenderweise die Versenkung in das, was er in autoritativen Quellen als Wahrheit findet.

Schon im zweiten Teil des 14., entschieden im 15. Jahrhundert, setzt ein Wandel ein. Der Erkenntnistrieb drängt unmittelbar zur Wirklichkeit der Dinge. Er will, unabhängig von vorgegebenen Mustern, mit eigenen Augen sehen, mit eigenem Verstand prüfen und zu einem kritisch begründeten Urteil gelangen.

Das gilt von der Natur: so entsteht das neuzeitliche Experiment und die rationale Theorie. Es gilt von der Überlieferung: so entsteht die humanistische Kritik und die auf Quellen gestützte Geschichtsschreibung. Es gilt vom Leben der Gesellschaft: so entsteht die neuzeitliche Staats- und Rechtslehre. Die Wissenschaft löst sich als autonomer Kulturbereich aus der bisher religiös bestimmten Einheit von Leben und Werk heraus und stellt sich auf sich selbst.

Entsprechendes geschieht im wirtschaftlichen Leben. Hier setzt der Prozeß sogar zuerst, in Italien schon gegen Ende des 13. Jahrhunderts ein. Bis dahin war das Erwerbsleben durch Standesvorstellungen und Zunftvorschriften gebunden, und das kanonische Zinsverbot hatte die Voraussetzung wirtschaftlicher Unternehmertätigkeit, nämlich das Kreditwesen, unmöglich gemacht; jetzt wird das Streben nach Erwerb frei und trägt seinen Sinn in sich selbst. Seine Grenzen liegen nur noch in einem – sehr elastischen – Ethos und in den Vorschriften einer den wirtschaftlichen Wettbewerb bejahenden Rechtsordnung. Es entsteht das kapitalistische Wirtschaftssystem, in welchem jeder so viel besitzen darf, als er unter Wahrung der geltenden Rechtsvorschriften zu erwerben vermag. Seine Leistungen im Hervorbringen wie im Verteilen der Güter sind gewaltig. Der Besitz sprengt die hergebrachten sozialen Ordnungen und öffnet den Zutritt zu Ständen und Ämtern, die bisher durch Privilegien vorbehalten waren. Ein weiterer autonomer Kulturbereich, die ihren eigenen Gesetzen folgende Wirtschaft, entwickelt sich.

Was die Politik anlangt, so wandeln sich sowohl die tragenden Grundhaltungen wie die bestimmenden Maßbegriffe. Immer war Politik Kampf geschichtlicher Machteinheiten, Erwerb und Ordnung von Macht. Immer war sie auch mit Unrecht verbunden. Im Mittelalter war sie aber in die Gesamtordnung des Sittlich-Religiösen, in den Zusammenhang von Reich und Kirche als den beiden Formen der Gottesherschaft eingefügt. So unterstand ihr Handeln deren Wertungen; und wenn Unrecht geschah, dann geschah es mit schlechtem Gewissen. Auch hierin vollzieht sich ein Wandel.

Das politische Handeln erscheint nun immer mehr als etwas, das seine Normen nur in sich selbst trägt. Was es – nicht bloß praktisch, sondern auch grundsätzlich – bestimmt, sind die Zwecke des Machterwerbs, der Machtbehauptung und -verwaltung. Das Unrecht, das in ihrem Dienst geschieht, geschieht nicht nur mit ruhigem Gewissen, sondern mit einem seltsamen Bewußtsein von »Pflicht«. Macchiavelli ist der erste, der diesen moralischen Charakter der Politik ausspricht, und andere folgen ihm. Pascals Zeitgenosse Thomas Hobbes baut eine Theorie vom Staate auf, welche diesen zum absoluten Herrn und Richter über das menschliche Leben macht, das seinerseits als ein Kampf Aller gegen Alle verstanden wird.

Die praktischen Grundlagen dieser Gedanken sind die endlosen Kriege zwischen den überall entstehenden Landesherrschaften, aus denen allmählich die modernen Nationalstaaten hervorgehen. Die natürliche Vitalität der Völker und ihr Bewußtsein eigener Art und Aufgabe setzen sich gegen die alten Gesamtordnungen durch, und die neue politische Denkweise ist ebensoviel Mittel wie Ergebnis dieses Vorganges.

Ebenso tief greift der Wandel, der sich in den kosmologischen Anschauungen sowohl als im Bilde der Gesamtwelt vollzieht.

Nach der alten Vorstellung war die Welt eine begrenzte Größe; ihre extensive Endlichkeit wurde aber durch eine, wenn man so sagen darf, intensive Unendlichkeit, nämlich durch einen überall aufleuchtenden absoluten Symbolgehalt aufgewogen. Das Ganze der Welt hatte sein Urbild im Logos. Jeder ihrer Teile verwirklichte eine besondere Seite dieses Urbildes. Die verschiedenen Einzelsymbole standen untereinander in Beziehung und bildeten eine reich gegliederte Ordnung. Die Engel und Seligen in der Ewigkeit, die

Gestirne im Weltraum, die Naturdinge auf Erden, der Mensch und sein innerer Aufbau sowohl wie die menschliche Gesellschaft in ihren verschiedenen Schichten und Funktionen – alles das erschien als ein Gefüge von Sinngestalten, welche ewige Bedeutung hatten. Eine ebenfalls symbolhafte Ordnung beherrschte die Geschichte mit ihren verschiedenen Phasen, verlaufend zwischen dem echten Anfang der Schöpfung und dem ebenso echten Ende des Gerichtes. Die einzelnen Akte dieses Dramas, die Epochen der Geschichte, waren aufeinander bezogen, und innerhalb der Epoche hatte jedes Geschehnis seinen Sinn.

Nun beginnt die Welt sich zu dehnen und ihre Konturen zu sprengen. Man entdeckt, daß es nach allen Seiten hin weitergeht. Der alte, für den Charakter des Lebens wie des Schaffens maßgebende Wille zur umgrenzten Gestalt verschwindet, und ein neuer erwacht, welcher die Ausweitung einfachhin als Befreiung erlebt. Die Astronomie erkennt, daß die Erde sich um die Sonne dreht; dadurch hört die Erde auf, Mittelpunkt der Welt zu sein. Giordano Bruno verkündet in seinen turbulenten Schriften die Philosophie einer unendlichen Welt, ja einer unendlichen Zahl von Welten, und die einzigartige Bedeutung der gegebenen ist in Frage gestellt. Die Ergebnisse aber der neuen Astronomie sind so groß und stehen mit denen der übrigen Naturerforschung in so folgerichtigem Zusammenhang, daß der Erkennende das Bewußtsein haben darf, nun werde alle Phantastik abgestreift und ein Weltbild geschaffen, das sich nur nach der Wirklichkeit richtet.

Entsprechendes geschieht im Geschichtsbild. Die biblische Lehre von einem entschiedenen Anfang und einem ebensolchen Ende wird als fragwürdig empfunden. Die Vorstellung eines aus immer weiter zurückreichender Vergangenheit herkommenden und in immer fernere Zukunft hinauslaufenden Geschichtsganges dringt durch. Die Erforschung der Quellen, Denkmäler und Kulturreste fördert eine ungeheure Fülle von Erscheinungen und Geschehnissen zutage; die Frage nach Ursache und Wirkung und die Einsicht in die Strukturen des menschlichen Daseins legt Zusammenhänge bloß, die alles mit allem verbinden. Was aber das einzelne Geschehnis anlangt, so verliert es durch die unabsehbare Zahl der Geschehnisse und die unbegrenzbare Dauer des Zeitganges seine Bedeutung. Unter unermeßlich Vielem ist jedes so wichtig wie das andere, weil keines unbedingt wichtig ist. Wenn die Wirklichkeit über alles Maß hinausgeht, verschwinden jene Momente, auf denen die mittelalterliche Ordnungsvorstellung ruhte: Anfang und Ende, Umriß und Mitte. Damit verschwinden die zwischen ihnen sich entfaltenden hierarchischen Stufungen und Entsprechungen, sowie die darauf ruhenden symbolischen Akzente. Es entsteht der nach allen Seiten hin endlos weitergehende Zusammenhang, welcher einerseits freien Raum gewährt, andererseits aber auch der menschlichen Existenz einen objektiven Standort verweigert. Sie bekommt offenen Bewegungsraum, wird aber auch ortlos.

Das kosmische Unendlichkeitserlebnis setzt sich in den Erdraum selbst fort. Während der Mensch sich vorher in die bekannten Bereiche, das heißt im Großen und Ganzen die der alten Oikumene beschieden hatte, empfindet er nun das umherliegende Unbekannte nicht mehr als verwehrt. Für Dante ist das Unternehmen des Odysseus, über die Säulen des Herkules – das heißt die Meerenge von Gibraltar – hinaus ins offene Meer zu fahren, ein Frevel, der ihm den Untergang bringt (Div. Comm., Inf. 26,94 bis 142). Der Mensch der neuen Zeit fühlt das Unerforschte als verlockend. Es reizt ihn zur Erkundung. Er beginnt neue Erdgebiete zu entdecken und zu erobern. Er fühlt die Möglichkeit, sich in die endlose Welt zu wagen und sich zu ihrem Herrn zu machen. Gleichzeitig bildet sich das neuzeitliche Persönlichkeitsbewußtsein heraus. Das Individuum wird sich selbst interessant. Beobachtung und psychologische Analyse wenden sich ihm zu.

Das Gefühl für das Menschlich-Außerordentliche erwacht. Der Begriff des Genies gewinnt eine entscheidende Bedeutung. Er ist dem Gefühl der sich öffnenden Welt- und Geschichtsunendlichkeit zugeordnet und bildet den Maßstab, an welchem der menschliche Wert gemessen wird. Das alles wird, wie bereits gesagt, in doppelter Weise erlebt. Zunächst als Freiheit der Bewegung und persönlichen Betätigung. Der selbstherrlich handelnde, wagende und schaffende Mensch entsteht, der von seinem *»ingenium«* getragen, von *»fortuna«* geführt, von *»fama«* und *»gloria«* belohnt wird. Ebendamit verliert der Mensch aber auch den objektiven Standort, welchen seine Existenz im alten Weltbild hatte, und ein Gefühl der Preisgegebenheit, ja der Bedrohung stellt sich ein. Die Angst des neuzeitlichen Menschen erwacht, welche von jener des mittelalterlichen Menschen verschieden ist. Auch dieser hatte Angst, denn sie zu haben ist der Anteil des Menschen überhaupt, und er wird sie immer haben, auch wenn Wissenschaft und Technik ihn noch so sehr zu sichern scheinen. Ihr Anlaß und Charakter aber sind in den verschiedenen Zeiten verschieden. Die Angst des mittelalterlichen Menschen hing wohl mit dem Randdruck der Weltendlichkeit gegen den Ausweitungsdrang der Seele zusammen, der sich dann in der immer neu vollzogenen Transzension beruhigte. Die neuzeitliche Angst hingegen entsteht nicht zum wenigsten aus dem Bewußtsein, weder symbolhaften Standort, noch unmittelbar überzeugende Bergung mehr zu haben; aus der beständig sich erneuernden Erfahrung, daß die Welt dem Menschen keine das Sinnbedürfnis überzeugende Stelle des Existierens gewährt.

II

Wenn wir nach den Grundelementen des neuen Daseinsbildes fragen, so scheinen sich folgende abzuzeichnen[3]:
Vor allem der neuzeitliche Begriff der Natur. Er meint das unmittelbar Gegebene; die Gesamtheit der Dinge, bevor der Mensch etwas an ihnen tut; den Inbegriff der Energien und Stoffe, Wesenheiten und Gesetzlichkeiten. Dieses Ganze wird sowohl als Voraussetzung des eigenen Existierens, wie als Aufgabe für das eigene Erkennen und Schaffen erfahren. »Natur« meint aber auch einen Wertbegriff, nämlich die für alles Erkennen und Schaffen verbindliche Norm des Richtigen, Gesunden und Vollkommenen, eben »das Natürliche«. Daraus ergeben sich Maßstäbe gültigen Daseins: des natürlichen Menschen, der natürlichen Gesellschaft und Staatsform, Erziehung und Lebensweise, wie sie vom 16. bis ins 20. Jahrhundert hinein wirksam sind, siehe etwa den Begriff des »*honnête homme*« des 16. und 17. Jahrhunderts, den natürlichen Menschen Rousseaus, die Vernünftigkeit der Aufklärung, das Natürlich-Schöne der Klassik.
Der Begriff »Natur« drückt also etwas Letztes aus, hinter das zurückzugreifen nicht möglich ist. Was aus ihr abgeleitet werden kann, ist endgültig verstanden. Was als ihr gemäß begründet werden kann, ist gerechtfertigt.
Das heißt nicht, die Natur als solche könne begriffen werden; sie trägt vielmehr den Geheimnischarakter des Urgrundes und End-Zieles. Sie ist »Gott-Natur« und Gegenstand einer religiösen Verehrung. Sie wird als schöpferisch weise und gütig gepriesen. Sie ist die »Mutter Natur«, welcher der Mensch sich mit unbedingtem Vertrauen hingibt. So ist das Natürliche zugleich das Heilige und Fromme.

---

[3] Das Folgende ist angelehnt an meine Ausführungen in »Welt und Person«, Würzburg ⁵1962, S. 1 ff.

Einen vollkommenen Ausdruck findet dieses Bewußtsein in dem Fragment »Die Natur« aus Goethes Tiefurter Journal vom Jahre 1782:

»Natur! Wir sind von ihr umgeben und umschlungen – unvermögend, aus ihr herauszutreten, und unvermögend, tiefer in sie hineinzukommen. Ungebeten und ungewarnt nimmt sie uns in den Kreislauf ihres Tanzes auf und treibt sich mit uns fort, bis wir ermüdet sind und ihrem Arme entfallen.

Sie schafft ewig neue Gestalten; was da ist, war noch nie, was war, kommt nicht wieder – alles ist neu, und doch immer das Alte.

Wir leben mitten in ihr, und sind ihr fremde. Sie spricht unaufhörlich mit uns, und verrät uns ihr Geheimnis nicht. Wir wirken beständig auf sie, und haben doch keine Gewalt über sie...

Sie lebt in lauter Kindern, und die Mutter, wo ist sie? – Sie ist die einzige Künstlerin: aus dem simpelsten Stoff zu den größten Kontrasten; ohne Schein der Anstrengung zu der größten Vollendung – zur genauesten Bestimmtheit, immer mit etwas Weichem überzogen. Jedes ihrer Werke hat ein eigenes Wesen, jede ihrer Erscheinungen den isoliertesten Begriff, und macht alles eins aus...

Gedacht hat sie und sinnt beständig; aber nicht als ein Mensch, sondern als Natur. Sie hat sich einen eigenen allumfassenden Sinn vorbehalten, den ihr niemand abmerken kann...

Sie spritzt ihre Geschöpfe aus dem Nichts hervor, und sagt ihnen nicht, woher sie kommen und wohin sie gehen. Sie sollen nur laufen; die Bahn kennt sie.

Alles ist immer da in ihr. Vergangenheit und Zukunft kennt sie nicht. Gegenwart ist ihr Ewigkeit. Sie ist gütig. Ich preise sie mit allen ihren Werken. Sie ist weise und still. Man reißt ihr keine Erklärung vom Leibe, trutzt ihr kein Geheimnis ab, das sie nicht freiwillig gibt. Sie ist listig, aber zum guten Ziele, und am besten ist's, ihre List nicht zu merken...

Sie hat mich hereingestellt, sie wird mich auch herausführen. Ich vertraue mich ihr. Sie mag mit mir schalten. Sie wird ihr Werk nicht hassen. Ich sprach nicht von ihr. Nein, was wahr ist und was falsch ist, alles hat sie gesprochen. Alles ist ihre Schuld, alles ist ihr Verdienst.«[4]

Das Erlebnis der Natur verbindet sich mit dem der Antike. Diese bildet den geschichtlichen, aber für immer gültigen Ausdruck des menschlichen Daseins, wie es sein soll. Der Begriff des Klassischen meint, in Kulturgestalt übersetzt, etwas Entsprechendes wie der des Natürlichen.

Sowohl die soeben gezeichnete Vorstellung von der Natur wie auch die von der Antike stehen zur Offenbarung ganz anders als die entsprechenden Vorstellungen des Mittelalters. Für letztere war die Natur Gottes Schöpfung, und die Antike eine Art Vorläuferin der Offenbarung; für die Neuzeit werden beide weithin zu Mitteln, um das Dasein von der Offenbarung zu lösen und letztere als wesenlos, ja lebensfeindlich zu erweisen[5].

Seinem ersten, leib-seelischen Sein nach gehört der Mensch selbst zur Natur; indem er es erkennt und über es verfügt, tritt er aus dem Naturzusammenhang heraus und ihm gegenüber. Diese Erfahrung begründet ein zweites Grundelement der neuzeitlichen Daseinsdeutung: das der Subjektivität.

Das Mittelalter kennt den Begriff in seiner spezifischen Bedeutung ebensowenig wie den der Natur. Letztere bedeutet ihm die Gesamtheit der Dinge in ihrer Ordnung und Einheit; doch nicht als autonomes All, sondern als Werk des souveränen Gottes. Entsprechend ist ihm das Subjekt die

---

[4] Naturwissenschaftliche Schriften I, Leipzig, Inselverlag, S. 9 ff. Die Frage, ob der Text von Goethe selbst stamme, oder von ihm übernommen sei, kann hier auf sich beruhen bleiben.
[5] Doch darf nicht übersehen werden, daß es auch ein christliches Verhältnis zur Natur wie zur Antike gibt, das durch die ganze Neuzeit bis in die Gegenwart wirksam ist. Nur ist es still und drängt sich dem allgemeinen Bewußtsein nicht so auf wie das andere.

Einheit des individuellen Menschenwesens und der Träger seines geistigen Lebens, aber als Geschöpf Gottes und Sachwalter Seines Willens. Im ausgehenden Mittelalter, vor allem in der Renaissance, erwacht ein Ich-Erlebnis neuer Art. Der Mensch wird sich selbst wichtig; das Ich, vor allem das ungewöhnliche, geniale, wird zum Maßstab für den Wert des Lebens.

Die Subjektivität erscheint vor allem als »Persönlichkeit«, als aus eigener Anlage und Initiative sich entfaltende menschliche Gestalt. Ebenso wie die Natur, ist auch sie ein Erstes, das nicht in Frage gezogen wird. Besonders die große Persönlichkeit muß aus ihr selbst heraus verstanden werden und rechtfertigt ihr Tun mit ihrer eigenen Ursprünglichkeit. Die ethischen Normen erscheinen ihr gegenüber relativ. Am ungewöhnlichen Menschen entdeckt, wird der Maßstab auf den Menschen überhaupt angewendet, und das Ethos des objektiv Guten und Wahren wird durch jenes der Echtheit und Wahrhaftigkeit verdrängt.

Geht der Begriff der Persönlichkeit von der Originalität des lebendigen individuellen Seins aus, so erhält das von ihm Gemeinte seinen formalen Ausdruck im Begriff des »Subjekts«. Es bildet den Träger der gültigkeitshaltigen Akte sowie die Einheit der diese Gültigkeit bestimmenden Kategorien. Seine schärfste Bestimmung findet es durch die Philosophie Kants. Für sie ist das logische, ethische, ästhetische Subjekt ein Erstes, hinter das nicht mehr zurückgedacht werden kann. Es hat den Charakter der Autonomie, steht in sich selbst und begründet den Sinn des geistigen Lebens.

Sobald etwas aus der Persönlichkeit bzw. dem Subjekt abgeleitet werden kann, ist es endgültig verstanden; sobald sich ein Verhalten als persönlichkeitsgemäß erweist, ist es gerechtfertigt – die Entsprechungen zu dem, was oben über die Erkenntnis aus der Natur und den Wertmaßstab der Natürlichkeit gesagt wurde.

Damit ist wiederum nicht behauptet, Persönlichkeit und Subjekt seien ihrerseits begreifbar; sie sind es ebensowenig wie die Natur. Was aber von ihnen her verstanden und begründet werden kann, ist in Ordnung. So setzt sich auch die Persönlichkeit ins Religiöse fort. Das Genie erscheint als etwas Geheimnisvolles, und wird mit der Vorstellung der Götter in Verbindung gebracht. Im idealistischen Begriff des Geistes verbindet sich die Subjektivität des Individuums mit der des Alls, dem Weltgeist, und erscheint als dessen Ausdruck. Goethe ist es, der die Ursprünglichkeit und Fülle, die innere Sicherheit und das Glück der Persönlichkeit mit klarster Eindringlichkeit verkündet hat; wir brauchen bloß an die Verse aus dem »West-östlichen Diwan« zu erinnern:

»Volk und Knecht und Überwinder
Sie gestehn, zu aller Zeit:
Höchstes Glück der Erdenkinder
sei nur die Persönlichkeit.«

Von ihm stammen aber auch die lebendigsten Zeugnisse über die Erfahrung des Ein-und-Alles.

Zwischen der Natur und dem Persönlichkeits-Subjekt entsteht die Welt der Menschentat und des Menschenwerkes. Sie ruht auf jenen beiden Momenten als ihren Polen, hat aber ihnen gegenüber eine eigentümliche Selbständigkeit. Diese drückt sich in einem dritten, der Neuzeit eigenen Begriff aus, dem der »Kultur«.

Das Mittelalter hat herrliche Dinge geschaffen und vollkommene Ordnungen menschlichen Zusammenlebens verwirklicht, also Kultur höchsten Ranges. Das alles wurde aber als Dienst an Gottes Schöpfung verstanden. In der Renaissance gewinnen Werk wie Werkender eine neue Bedeutung. Sie ziehen den Sinn an sich, der vorher dem Werke Gottes eigen war. Die Welt hört auf, Schöpfung zu sein und wird zur »Natur«; das Menschenwerk ist nicht mehr vom Gottesgehorsam bestimmter Dienst, sondern »Schöpfung«; der Mensch, vorher Anbeter und Dienender, wird zum »Schaffenden«.

Indem der Mensch die Welt als »Natur« ansieht, stellt er sie in sich selbst; indem er sich als »Persönlichkeit« versteht, macht

er sich zum Herrn der eigenen Existenz; im Willen zur »Kultur« unternimmt er es, das Dasein als sein Werk aufzubauen.
Die Entstehung des Begriffs fällt mit der Grundlegung der neuzeitlichen Wissenschaft zusammen. Aus ihr geht die Technik hervor, der Inbegriff jener Verfahrensweisen, durch welche der Mensch fähig wird, seine Zwecke nach Belieben zu setzen. Wissenschaft, Politik, Wirtschaft, Kunst, Pädagogik lösen sich immer bewußter aus den Bindungen des Glaubens, aber auch einer allgemein verpflichtenden Ethik heraus und bauen sich autonom aus ihrem jeweiligen Wesen auf. Obwohl jeder Einzelbereich sich so in sich selbst begründet, stehen sie der Idee nach in einem Zusammenhang, der sich aus ihnen aufbaut und zugleich sie trägt. Es ist »die Kultur« als Inbegriff des Gott und seiner Offenbarung gegenüber eigenständigen Menschenwerkes.
Auch diese Kultur gewinnt religiösen Charakter. In ihr offenbart sich das schöpferische Geheimnis der Welt. Durch sie kommt der Weltgeist zum Bewußtsein seiner selbst, und der Mensch empfängt den Sinn des Daseins. »Wer Wissenschaft und Kunst besitzt, hat auch Religion«, heißt es in Goethes »Zahmen Xenien« (IX).

Auf die Frage, in welcher Weise das Seiende da sei, antwortet das neuzeitliche Bewußtsein: als Natur, als Persönlichkeits-Subjekt und als Kultur.
Diese drei Phänomene gehören zusammen. Sie bedingen und vollenden einander wechselseitig. Ihr Gefüge bedeutet ein Letztes, hinter das nicht mehr zurückgegriffen werden kann. Es bedarf keiner Begründung von anderswoher, noch duldet es eine Norm über sich.

III

Im Vorausgehenden wurde bereits kurz darauf hingewiesen, was der Umbau der Existenz vom Mittelalter zur Neuzeit in religiöser Beziehung bedeutet habe; die Frage bedarf aber noch einer genaueren Antwort.
Durch über ein Jahrtausend war die christlich-kirchliche Lehre Maßstab für Wahr und Falsch, Richtig und Unrichtig; mit dem Zerfall des Mittelalters tritt eine rein weltliche Wertordnung hervor. Eine neue, der christlichen Offenbarung gegenüber feindliche oder doch gleichgültige Haltung entsteht und bestimmt weithin die kulturelle Entwicklung. Hinzu kommt, daß im Kampf des Neuen und des Alten von letzterem Mißgriffe begangen werden, die es in den Anschein der Geistfeindlichkeit bringen.
So wird der christliche Glaube immer mehr in eine Verteidigungsstellung gedrängt. Eine Reihe von Glaubenssätzen scheint mit wirklichen oder vermeintlichen Ergebnissen der Philosophie oder Wissenschaft in Konflikt zu kommen – denken wir etwa an das Wunder, an die Erschaffung der Welt, an Gottes Weltregierung – und es entsteht, als Literaturgattung wie als geistige Haltung, die neuzeitliche Apologetik. Vorher waren Offenbarung und Glaube einfachhin Grundlage und Atmosphäre des Daseins; jetzt müssen sie ihren Wahrheitsanspruch beweisen. Aber auch da, wo er feststeht, verliert der Glaube seine ruhige Selbstverständlichkeit. Er wird angestrengt; er betont und überbetont sich. Er fühlt sich nicht mehr in einer ihm gehörigen, sondern in einer fremden, ja feindlichen Welt. Eine besondere religiöse Problematik entsteht dadurch, daß die endliche Weltgestalt in die endlose übergeht. Genau gesprochen: Gott verliert seinen Ort, und mit ihm verliert ihn der Mensch.
Vorher war Gottes Ort in der Höhe, im Empyreum, im »Himmel«. In dem Worte spielen ja noch heute astronomische und religiöse Bedeutung ineinander. Wie aber, wenn es keine Höhe, kein Droben mehr gibt? Man könnte sagen, das

sei materialistisch gedacht, denn Gott sei Geist und habe keinen Ort. Das wäre aber nur abstrakt richtig; für das konkrete religiöse Leben hat Er wohl einen Ort, nämlich da, wo ihn das biblische »Ehre sei Gott in der Höhe« ansetzt. Die Himmelshöhe ist der unmittelbare kosmologische Ausdruck für die Souveränität Gottes und für die Erfüllung des menschlichen Daseins in Ihm. Wenn es aber nun keine solche »Höhe« über der Welt mehr gibt, da diese keine Kontur mehr hat? »Wo« ist dann Gott?

Auch der Widerspruch zur Herrlichkeit Gottes und zur Seligkeit des Menschen, der Ort des Hasses und der Verlorenheit, hatte vorher seinen unmittelbaren kosmologischen Ausdruck. Er lag in der größten Entfernung vom Empyreum, in der Tiefe der Erde – dort, wo auch der antike Mensch die Unterwelt, den Hades angenommen hatte. Wenn aber das Erdinnere kompakte Materie ist, dann gibt es dort nichts dergleichen – wo ist dann der Ort der Verlorenheit?

Die gleiche Frage richtet sich aber auch auf den Menschen selbst – wo ist sein Ort? Nicht nur der unmittelbar-natürliche, so wie jedes körperliche Ding ihn hat, sondern der existentielle?

Das Mittelalter hat geantwortet: Es ist die Erde; die Erde aber ist die Mitte der Welt. Darin drückte sich die Stellung des Menschen im Seinsganzen, seine Würde wie seine Verantwortung aus. Durch die neuen astronomischen Erkenntnisse wird aber die Erde aus ihrer Stellung verdrängt. Zuerst verliert sie den Akzent der Mitte und wird zu einem Planeten, der um die Sonne kreist; dann geht das Sonnensystem selbst in der Unermeßlichkeit des Weltalls auf, und die Erde wird zu etwas, das kosmisch überhaupt nicht mehr wesentlich in Betracht kommt. »Wo« existiert dann der Mensch?

Bleiben wir einen Augenblick bei der Frage; sie ist sehr lehrreich. Das Mittelalter hatte den Menschen unter zwei Gesichtspunkten gesehen. Einerseits war er Geschöpf Gottes, Ihm untergeben und ganz in seiner Hand – andererseits aber Träger von Gottes Ebenbild, zu Ihm unmittelbar, und für ein ewiges Schicksal bestimmt. Absolut geringer als Gott, aber entscheidend mehr als die anderen Geschöpfe. Diese Stellung im Sein fand ihren Ausdruck in dem Ort, den der Mensch im Weltsystem hatte. Er stand von allen Seiten her unter Gottes Blick; richtete aber auch nach allen Seiten den Akt des geistigen Herrschens auf die Welt. Die Änderung des Weltbildes stellte diesen Ort in Frage. Der Mensch geriet immer mehr ins Zufällige, ins »Irgendwo«.

Die Neuzeit ist auch bestrebt, den Menschen sinnmäßig aus dem Zentrum des Seins herauszurücken. Für sie steht er nicht mehr von überall her unter den Augen des Gottes, der die Welt umschließt, sondern ist autonom, hat freie Hand und eigenen Schritt – er bildet aber auch nicht mehr die Mitte der Schöpfung, sondern ist irgendein Teil der Welt. Einerseits steigert die neuzeitliche Auffassung den Menschen hinauf, auf Kosten Gottes, wider Gott; andererseits hat sie eine herostratische Lust, ihn zu einem Stück Natur zu machen, das sich von Tier und Pflanze nicht grundsätzlich unterscheidet. Beides gehört zusammen und steht in dem Wandel des Weltbildes in engem Zusammenhang.

Von hier aus fällt auch Licht auf ein Phänomen wie den Prozeß gegen Galilei. Das Negative daran soll gewiß nicht entschuldigt sein; ebenso sicher aber ist auch, daß er nicht nur ein Ausdruck geistlichen Obskurantentums war. Zutiefst ging er aus der Sorge um die existentiellen Grundlagen des Daseins hervor; um den Ort Gottes wie um den des Menschen. Wohl sind diese »Orte« Symbole; aber ein Symbol ist genau so real, wie eine chemische Substanz oder ein körperliches Organ. Die Psychologie unserer Tage hat das erkannt und beginnt damit wieder ein Wissen einzuholen, das dem mittelalterlichen Menschen selbstverständlich war. So kann man sehr wohl fragen, ob die Erschütterung, welche jener Umbau der Welt für die menschliche Existenz bedeutet hat, bereits verwunden sei? Es scheint nicht. Das wissenschaftliche Bild der Welt ist richtiger geworden, aber der Mensch scheint in ihr noch nicht wieder zu Hause – ebensowenig, wie für sein unmittelbares Gefühl Gott in ihr wieder zu Hause scheint.

Auch von dem her, was über die Elemente des neuzeitlichen Weltbildes gesagt wurde, ergeben sich für den christlichen Glauben besondere Fragen.

Wie steht es mit Gott und seiner Souveränität, wenn das Freiheitserlebnis des neuzeitlichen Menschen recht hat? Wie mit der geforderten Autonomie des Menschen, wenn Gott wesenhafter Gott ist? Wirkt Gott wirklich, wenn der Mensch die Initiative und Schaffenskraft hat, welche die Neuzeit behauptet? Und kann der Mensch handeln und schaffen, wenn Gott am Werk ist?

Wenn die Welt das ist, was Wissenschaft und Philosophie in ihr sehen – kann dann Gott in der Geschichte wirken? Kann Er dann Vorsehung führen und Herr der Gnade sein? Kann Er in die Geschichte eintreten und Mensch werden? Kann Er in ihr eine Stiftung aufrichten, die mit göttlicher Autorität menschlichen Dingen gegenübertritt, die Kirche? Und wieder: Kann der Mensch ein echtes Verhältnis zu Gott haben, wenn die Kirche Autorität hat? Kann der individuelle Mensch in Wahrhaftigkeit zu Gott kommen, wenn die Kirche für alle gilt?

Diese und ähnliche Probleme kommen im religiösen Leben der Zeit zur Auswirkung.

Vor allem innerlich. Jene Möglichkeit, mit sich selbst einig und mit der Fragwürdigkeit des Daseins fertig zu werden, welche sich aus der Sicherheit eines altüberkommenen Weltzustandes ergibt, verschwindet. Der Mensch wird erschüttert, aufgelockert, angreifbar für die Fragen des Daseins... Wie das in Zeiten des Umbruchs immer geschieht, erregen sich die Tiefenschichten des Menschenwesens. Die Uraffekte erwachen mächtiger: die Angst, die Gewalttätigkeit, der Besitzwille, die Auflehnung gegen die Ordnung. Worte und Taten bekommen etwas Elementares und Beunruhigendes... Auch die religiösen Grundkräfte regen sich. Die numinosen

Mächte, draußen und drinnen, werden unmittelbar empfunden, befruchtend, aber auch verwirrend und zerstörend... In dieser Atmosphäre gewinnen die immer gegenwärtigen Fragen nach dem Sinn des Daseins, nach Heil und Unheil, nach dem rechten Verhältnis zu Gott, nach der richtigen Ordnung des Lebens eine neue Intensität. Die Widersprüche im menschlichen Inneren, zwischen dem Willen zur Wahrheit und dem Widerstand gegen sie, zwischen dem Guten und dem Bösen werden drängender erfahren. Die ganze Fragwürdigkeit des Menschen kommt ins Gefühl.
Die inneren Spannungen werfen sich aber auch nach außen, ins Geschichtliche, und es entstehen die großen religiösen Bewegungen der Zeit, vor allem jene, die wir mit dem Namen Reformation und Gegenreformation bezeichnen. Diese knüpfen zunächst an Probleme der Theologie, an Erstarrungen im kirchlichen System, an Mißstände der Lebensführung an – bedeuten aber auch, daß die allgemeine Wandlung innerhalb des christlichen Daseins selbst ausgetragen sein will.

Die Auflösung des neuzeitlichen Weltbildes und das Kommende

I

So etwa, in ganz weiten Umrissen, das neuzeitliche Weltbild. Wir vermögen es schärfer zu sehen, weil wir seine Grenzen wahrnehmen, denn die Neuzeit geht zu Ende.
Die drei Elemente, die wir aus ihm herausgehoben haben, wurden bis vor kurzem als unverlierbar erachtet. Die gewohnte Darstellung der europäischen Geistesgeschichte hat die in sich ruhende Natur, das autonome Persönlichkeitssubjekt und die aus eigenen Normen schaffende Kultur als Ideen angesehen, welche zu entdecken und immer voller zu verwirklichen Ziel der Geschichte sei. Das war aber ein Irrtum; und viele Anzeichen deuten darauf hin, daß diese Ideen zu sinken beginnen.

Die Vermutung hat nichts mit wohlfeilen Umsturz- und Untergangsstimmungen zu tun. Sie denkt auch nicht daran, den echten Ertrag des neuzeitlichen Erfahrens und Arbeitens preiszugeben – weder um eines romantisch verklärten Mittelalters, noch um einer utopisch verherrlichten Zukunft willen. Jener Ertrag ist für die Erkenntnis wie für die Beherrschung der Welt unabmeßbar groß. Und so verhängnisvoll auch die Verkümmerungen, ja Zerstörungen sein mögen, welche das Menschenwesen in der Neuzeit erlitten hat – niemand wird leugnen, in welch folgenreicher Weise es in ihr gereift ist.
Hier handelt es sich also nicht um Verwerfungen noch um Verherrlichungen, sondern um die Erkenntnis, worin die Neuzeit zu Ende geht, und was in der kommenden, von der Historie noch nicht benannten Epoche zu werden beginnt.

II

Auf die Frage, wer die neuzeitliche Naturvorstellung zu ihrer klassischen Fülle und Klarheit gebracht habe, antworten wir unwillkürlich mit dem Namen Goethes. Wir haben den Text kennen gelernt, in welchem sie zu einem so starken Ausdruck gelangt ist. Würde aber der heutige Mensch – genauer gesagt, jener, dessen Lebens- und Bildungswurzeln diesseits des ersten Weltkrieges liegen, diesen Text als Ausdruck seines eigenen Verhältnisses zur Natur empfinden? Damit meine ich nicht, ob er die Natur mit jener Inbrunst und Größe zu fühlen vermöchte, wie das Goethe getan, sondern ob die Art seines Fühlens dem von Goethe ausgesprochenen ähnlich wäre? Ob er in den Worten des Tiefurter Journals die ungewöhnliche Form dessen wiedererkennen würde, was er selbst in kleinerer, alltäglicherer erlebt? Ich glaube, nein.

Daß unser Verhältnis zur Natur – ebenso wie das zur Persönlichkeit und zur Kultur – sich von dem Goethes wegbewegt, bildet ja den wichtigsten Grund für jene Krisis im Verhältnis zu seinem Werk, welche im vergangenen Jahr (1949) deutlich geworden ist. Offenbar kann dieses Werk der Zukunft – und schon zum guten Teil der Gegenwart – nicht mehr das bedeuten, was es der Zeit bis zum ersten Weltkrieg bedeutet hat. Der Goethe, der bis dahin gemeint war, stand mit den genannten Elementen des neuzeitlichen Weltverhältnisses in enger Verbindung und gehört so viel der Vergangenheit an, als diese Verbindung reicht. Jener Goethe aber, welcher der kommenden Zeit bedeutsam werden wird, ist wohl noch nicht deutlich gesehen. Jedes große Werk geht durch diese Krisis. Das erste Verhältnis zu ihm ist das unmittelbare; es ruht auf der Gemeinsamkeit der geschichtlichen Voraussetzungen. Dann schwinden diese und das Verhältnis zerfällt. Eine Zeit der Entfremdung, ja der Ablehnung folgt, um so gereizter, je mehr die erste Bejahung dogmatisch geworden war – bis eine spätere Epoche aus ihren neuen

Voraussetzungen heraus ein neues Verhältnis zu Mensch und Werk findet. Ob das aber geschieht, und wie oft diese Wiedergeburt sich vollzieht, und auf wie lange Geschichtsstrecken hin sie jeweils lebendig bleibt, entscheidet über das Maß der Menschheitsgeltung, welche dem Werk eignet.

Wenn ich recht sehe, zeigt sich seit einiger Zeit – vielleicht von den dreißiger Jahren ab – ein Wandel im Verhältnis zur Natur an. Der Mensch empfindet sie nicht mehr als das wunderbar Reiche, harmonisch Umfangende, weise Geordnete, gütig Spendende, dem er sich anvertrauen kann. Er würde nicht mehr von einer »Mutter Natur« reden; viel eher erscheint sie ihm als etwas Unvertrautes und Gefährliches. Der Mensch unserer Zeit steht der Natur auch nicht mehr mit jenen religiösen Empfindungen gegenüber, wie sie sich in ruhig-klarer Form bei Goethe, in schwärmerischer bei den Romantikern, in dithyrambischer bei Hölderlin gezeigt haben. Er hat eine Ernüchterung durchgemacht. Vielleicht hängt das mit dem Schwinden des neuzeitlichen Unendlichkeitsgefühls zusammen. Die Wissenschaft dringt zwar zu immer ungeheuerlicheren Maßen des Großen wie des Kleinen vor; diese bleiben aber stets entschieden endlich und werden als solche empfunden. Der Grund liegt darin, daß jene »Unendlichkeit«, von welcher ein Giordano Bruno oder der deutsche Idealismus gesprochen haben, nicht nur ein Maß-, sondern auch, und vor allem, ein Qualitätsbegriff war. Er meinte das unerschöpfliche und triumphierende Ur-Sein, die Göttlichkeit der Welt. Dieses Erlebnis wird immer seltener. Was die neue Erfahrung bestimmt, scheint im Gegenteil gerade die Endlichkeit der Welt zu sein; sie aber kann die oben charakterisierte Hingabe nicht mehr an sich ziehen.
Damit ist nicht gesagt, daß sich keine religiösen Empfindungen mehr auf die Welt richteten. Auch die neu erfahrene Endlichkeit meint nicht nur die Begrenztheit des Maßes, sondern etwas Inhaltliches: daß das Seiende, als nur Endliches, hinausgewagt ist; gefährdet, ebendarin aber kostbar

und herrlich. So richtet sich auf es ein Gefühl der Sorge, der Verantwortlichkeit, ja der Herzensbeteiligung, das gleichfalls von Geheimnis durchdrungen ist: als ob dieses Nur-Endliche uns riefe; als ob sich in ihm etwas Unsägliches vorbereitete, das unserer bedarf.

Es ist schwer, in den religiösen Regungen unserer Zeit, die sich zu dem noch oft widersprechen, eine einheitliche Linie zu entdecken. Etwa zu verstehen, wohin das religiöse Gefühl des späten Rilke geht und wie es sich zum Daseinswagnis der Existenzphilosophie verhält; welche Innenströmungen sich im neuen Ernstnehmen des Mythos und in der Entdeckung der seelischen Tiefenschichten anzeigen; was aus der nüchternen Großartigkeit der physikalischen Theorien und wieder aus dem von Möglichkeiten wie Gefahren erfüllten technisch-politischen Titanismus unserer Tage spricht, und so fort.

Jedenfalls erfährt der Mensch die Welt nicht mehr als bergenden Inbegriff. Sie ist etwas anderes geworden, und eben als das gewinnt sie religiöse Bedeutung.

Ja die sich herausbildende Haltung – richtiger gesagt, etwas in ihr – scheint der Natur sogar das zu verweigern, was Goethe in den Mittelpunkt des Verhältnisses zu ihr gestellt hat, nämlich die Ehrfurcht – wieder richtiger gesagt, jene Ehrfurchtsform, die er empfunden hat. Das zeigt sich in jenem Inbegriff von Erkenntnissen und Formvorstellungen, Tüchtigkeiten und Verfahrensweisen, die wir mit dem Wort »Technik« bezeichnen. Diese ist im Laufe des 19. Jahrhunderts langsam heraufgewachsen, war aber lange Zeit hindurch von einer nicht-technischen Menschenart getragen. Es scheint, als ob der ihr zugeordnete Mensch erst in den letzten Jahrzehnten, endgültig im letzten Krieg, durchgebrochen sei. Dieser Mensch empfindet die Natur weder als gültige Norm, noch als lebendige Bergung.

Er sieht sie voraussetzungslos, sachlich, als Raum und Stoff für ein Werk, in das alles hineingeworfen wird, gleichgültig, was damit geschieht. Für ein Werk prometheischen Charakters, bei dem es um Sein und Nichtsein geht.

Die Neuzeit liebte es, die Maßnahmen der Technik mit ihrem Nutzen für die Wohlfahrt des Menschen zu begründen. Damit deckte sie die Verwüstungen zu, welche ihre Skrupellosigkeit anrichtete. Die kommende Zeit wird, glaube ich, anders reden. Der Mensch, der sie trägt, weiß, daß es in der Technik letztlich weder um Nutzen noch um Wohlfahrt geht, sondern um Herrschaft; um eine Herrschaft im äußersten Sinn des Wortes, sich ausdrückend in einer neuen Weltgestalt. Er greift nach den Elementen der Natur, wie nach denen des Menschendaseins. Das bedeutet unabsehliche Möglichkeiten, des Bauens, aber auch des Zerstörens, besonders da, wo es um das Menschenwesen geht, das viel weniger in sich fest und gesichert sein dürfte, als man meistens denkt. Gefahr einfachhin also, dadurch ins ungemessene wachsend, daß es das Anonymon »Staat« ist, welches den Griff vollzieht. So trägt das Verhältnis zur Natur den Charakter äußerster Entscheidung: entweder gelingt es dem Menschen, das Herrschaftswerk richtig zu machen, und dann wird es gewaltig – oder aber alles geht zu Ende[6].

Auch hier scheint sich etwas Religiöses anzudeuten; aber mit der Naturfrömmigkeit Giordano Brunos oder Goethes hat es nichts mehr zu tun. Diese Religiosität hängt mit der Größe des Werkes und seiner Gefahr für Mensch und Erde zusammen. Ihr Charakter kommt aus einem Gefühl tiefer Einsamkeit des Menschen inmitten alles dessen, was »Welt« heißt; aus dem Bewußtsein, vor die letzten Entscheidungen zu gelangen; aus Verantwortung, Ernst und Tapferkeit.

III

Ein entsprechender Wandel scheint sich im Verhältnis zu Persönlichkeit und Subjekt zu vollziehen.

---

[6] Dazu auch S. 74 ff.

Dessen Wesen lag einmal im Gefühl des Individuums, aus den mittelalterlichen Bindungen gelöst und Herr seiner selbst geworden zu sein, in der Haltung der Autonomie. Sie drückte sich philosophisch in der Theorie vom Subjekt als dem Grund alles Begreifens; politisch im Gedanken der bürgerlichen Freiheiten; lebensmäßig in der Vorstellung aus, das menschliche Individuum trage eine innere Gestalt in sich, welche fähig und verpflichtet sei, sich aus sich selbst heraus zu entfalten und ein nur ihr eigenes Dasein zu verwirklichen.
Dieser Gedanke scheint aber mit einer bestimmten soziologischen Struktur, nämlich der bürgerlichen, verbunden zu sein – der Begriff des »Bürgerlichen« in seiner weitesten Bedeutung genommen, welche sowohl den auf rationale Klarheit ausgerichteten, Sicherheit suchenden Menschen, wie auch seinen Gegenpol, den Romantiker und Bohémien; sowohl den Menschen der durchschnittlichen Ordnung wie den der Ausnahme, das Genie, umfaßt. Im Zusammenhang mit der Technik kommt nun eine anders geartete Struktur herauf, für welche die Idee der sich selbst aufbauenden schöpferischen Persönlichkeit, beziehungsweise des autonomen Subjekts offenbar nicht mehr maßgebend ist.

Das wird an deren äußerster Gegenform deutlich, nämlich am Menschen der Masse. Das Wort bezeichnet hier nichts Unwertiges, sondern eine menschliche Struktur, die mit Technik und Planung verbunden ist. Gewiß tritt sie, da sie noch keine Tradition hat, ja sich gegen die bisher gültigen Traditionen durchsetzen muß, am fühlbarsten unter negativem Charakter hervor; im Wesen bildet sie aber eine geschichtliche Möglichkeit wie andere auch. Sie wird nicht die Lösung der Existenzprobleme bringen und ebensowenig die Erde zum Paradies machen; aber sie trägt die Zukunft – die nächste Zukunft, welche dauern wird, bis die übernächste anfängt.
Nun hat es auch früher die Vielen gegeben, die sich als formlose Menge vom hochentwickelten Einzelnen unter-

schieden, aber sie drückten die Tatsache aus, daß es dort, wo dieser die Wertnorm bildete, als Hintergrund und Wurzelboden die von der Alltäglichkeit gebundenen Durchschnittlichen geben müsse. Doch suchten auch sie zu Einzelnen zu werden und sich ihr Eigenleben zu schaffen. Die Masse im heutigen Sinne ist etwas anderes. Sie bildet nicht eine Vielzahl unentwickelter, aber entwicklungsfähiger Sondergestalten, sondern steht im vorhinein in einer anderen Struktur: dem Gesetz der Normung, welches der Funktionsform der Maschine zugeordnet ist. Dieser Charakter erhält sich auch in ihren höchst entwickelten Individuen. Ja letztere sind sich seiner ausdrücklich bewußt, bilden sein Ethos und formen ihn zum Stil... Andererseits ist aber die Masse im gemeinten Sinn auch keine Entwertungs- und Zerfallserscheinung, wie etwa der Pöbel im alten Rom, sondern eine menschlich-geschichtliche Grundform, die zu voller Entfaltung im Sein wie im Werk gelangen kann – vorausgesetzt allerdings, daß man dieser Entfaltung nicht den neuzeitlichen Maßstab zugrunde legt, sondern jenen, auf den ihr Wesen bezogen ist. Bei diesem Menschen kann von Persönlichkeit und Subjektivität im oben entwickelten Sinn nicht mehr gesprochen werden. Er hat gar nicht den Willen, eigen in seiner Gestalt und originell in seiner Lebensführung zu sein, noch sich eine Umwelt zu schaffen, die ihm ganz und möglichst ihm allein entspricht. Er nimmt vielmehr die Gebrauchsdinge und Lebensformen an, wie sie ihm von der rationalen Planung und den genormten Maschinenprodukten aufgenötigt werden, und tut das im Großen und Ganzen mit dem Gefühl, so sei es vernünftig und richtig. Ebenso wie er gar nicht den Wunsch hat, aus eigener Initiative heraus zu leben. Die Freiheit der äußeren und inneren Bewegung scheint für ihn kein ursprünglich empfundener Wert zu sein. Er fügt sich vielmehr mit Selbstverständlichkeit in die Organisation ein, welche die Form der Masse ist, und gehorcht dem Programm als der Weise, wie »der Mensch ohne Persönlichkeit« in Richtung gebracht wird. Ja der Instinkt dieser menschlichen

Struktur geht geradezu darauf, nicht als Eigener hervorzutreten, sondern anonym zu bleiben – fast als bilde das Eigensein die Grundform alles Unrechts und den Anfang aller Gefahr.

Man könnte einwenden, das Persönliche zeige sich in den Führern, welche dieser Menschentypus hervorbringe; einer neuen Art von Herrschern und Menschengestaltern. Das würde aber – wir berührten es bereits – nicht zutreffen, denn der Führer, wie er der Masse zugeordnet ist, scheint gerade dadurch charakterisiert zu sein, daß er keine schöpferische Persönlichkeit im alten Sinne, keine unter Ausnahmebedingungen sich entfaltende Individualgestalt, sondern das Komplement der Vielen ist; von anderen Funktionen als sie, aber gleichen Wesens mit ihnen.

Mit dem Gesagten hängt etwas anderes zusammen: das Gefühl für das Eigensein und die Eigensphäre des Menschen, vorher die Grundlage alles sozialen Verhaltens, verschwindet immer mehr. Immer selbstverständlicher werden Menschen als Objekte behandelt, von den unzähligen Weisen statistisch-behördlicher »Erfassung« bis zu den unausdenklichen Vergewaltigungen des Einzelnen, der Gruppen, ja ganzer Völker. Und das nicht nur in den Notständen und Paroxysmen des Krieges, sondern als normale Form des Regierens und Verwaltens.

Es scheint aber, daß man dieser Erscheinung nicht gerecht wird, wenn man sie nur unter Gesichtspunkten wie schwindender Ehrfurcht oder Skrupellosigkeit in der Anwendung von Gewalt sieht. Sicher trifft auch das zu; diese ethischen Mängel würden aber nicht in solchem Maße auftreten und von den Betroffenen nicht so einfach hingenommen werden, wenn der ganze Vorgang nicht von einer strukturellen Änderung im Erlebnis des eigenen Selbst wie auch seines Verhältnisses zu dem des Anderen getragen wäre.

Das alles kann ein Zweifaches bedeuten. Entweder der Einzelne geht in den Ganzheiten auf und wird zu einem bloßen Träger von Funktionen; die furchtbare Gefahr, welche überall aus dem Geschehen heraufdroht – oder aber er ordnet sich wohl in die großen Lebens- und Werkgefüge ein und verzichtet auf eine Freiheit individueller Bewegung und Gestaltung, die nicht mehr möglich ist; das aber, um sich auf seinen Kern zusammenzuziehen und zunächst das Wesentliche zu retten.

Es ist nicht ohne Bedeutung, daß das Wort »Persönlichkeit« weithin aus dem Tagesgebrauch verschwindet, und das der »Person« an seine Stelle tritt. Letzteres hat einen fast stoischen Charakter. Es ist nicht auf Entfaltung, sondern auf Definition gerichtet. Nicht auf das Reiche, gar Außerordentliche, sondern auf etwas Karges und Herbes, das aber in jedem menschlichen Individuum aufrechterhalten und entwickelt werden kann. Auf jene Einmaligkeit, die nicht aus besonderer Veranlagung und Gunst der Situation, sondern daraus kommt, daß er von Gott angerufen ist; und die zu behaupten und durchzusetzen nicht Eigenwilligkeit oder Privileg, sondern Treue gegen die Grundpflicht des Menschen bedeutet. Hier wappnet sich der Mensch gegen die Gefahr, die ihm von der Masse wie von den Ganzheiten droht, um zunächst jenes Mindeste zu retten, von dem her allein er noch Mensch sein kann. Von da wird die neue Eroberung des Daseins durch den Menschen und für die Menschlichkeit auszugehen haben, welche die Aufgabe der Zukunft bildet.

Über die Masse darf man aber nicht sprechen, ohne auch nach ihrem positiven Sinn zu fragen. Was alles an Unwiederbringlichem untergehen muß, wenn die bestimmende Form des Menschlichen nicht mehr der reichentfaltete Einzelne, sondern die gleichförmigen Vielen sind, liegt auf der Hand. Sehr viel schwerer ist es, zu sagen, welche neuen menschlichen Möglichkeiten sich dadurch öffnen. Und hier muß der Einzelne sich klar sein, daß er nicht von seinem unwillkürlichen Gefühl ausgehen darf, dessen Maßstäbe oft noch im Vergan-

genen liegen. Er muß vielmehr mit einer entschiedenen Anstrengung über sich hinausgehen und sich dem öffnen, was vielleicht ihn selbst in seinem geschichtlich geformten Wesen bedroht. Zunächst: Worin besteht die entscheidende Tatsache des Menschlichen? Darin, Person zu sein. Angerufen von Gott; von daher fähig, sich selbst zu verantworten und aus innerer Anfangskraft in die Wirklichkeit einzugreifen. Diese Tatsache macht jeden Menschen einzig. Nicht so, daß er nur ihm eigene Begabungen hätte, sondern in dem klaren, unbedingten Sinne, daß jeder als in sich selbst Gestellter unersetzbar, unvertretbar und unverdrängbar ist. Verhält es sich aber so, dann ist es gut, daß diese Einmaligkeit sich oft ereigne. Dann ist es gut, daß viele Menschen seien, und in einem jeden von ihnen sich diese Chance der Personalität öffne. Die Einwendungen dagegen liegen auf der Hand. Es ist ohne weiteres klar, in welchem Sinn man sagen kann, hundert Menschen seien weniger als einer, und die großen Werte blieben immer an die kleine Zahl geknüpft. Dennoch liegt darin eine Gefahr: aus der Strenge des Personalen in den Bereich der Originalität und Begabung, des Schönen und kulturell Hochwertigen überzugleiten.
Das Wort: »Was hilft es dem Menschen, wenn er die ganze Welt gewänne, aber Schaden litte an seiner Seele?« hat hierzu etwas Wichtiges zu sagen. Das »Gewinnen der Welt« enthält alles, was es an menschlich-kulturellen Werten gibt: vitale Fülle, Reichtum der Persönlichkeit, »Kunst und Wissenschaft« in all ihren Formen. Dem stellt der Ausspruch das Schaden-Leiden oder Heil-Bleiben der »Seele« gegenüber und meint damit die personale Entscheidung: die Art, wie der Mensch auf den Anruf Gottes, der ihn zur Person macht, antwortet. Davor verschwindet »die ganze Welt«.
Haben wir also ein Recht, aus der Einschränkung, welche das Wachsen der Masse für alle Persönlichkeits- und Kulturwerte bringen wird, ein entscheidendes Argument gegen sie zu machen? Haben wir ein Recht, deswegen, weil der Kulturstand von tausend Menschen geringer sein muß als der von

zehn, zu sagen, nicht tausend dürften geboren werden, sondern nur zehn? Ist die Öffnung der personalen Chance nicht ein Unbedingtes, vor dem andere Erwägungen zurückzutreten haben? Hier liegt ein dringlicher Anlaß für den neuzeitlichen Individualisten, sich zu fragen, wie weit er seine persönlichen Existenzbedingungen, die zu verteidigen er natürlich berechtigt ist, absolut gesetzt hat.

Statt also im Namen einer von Persönlichkeiten getragenen Kultur gegen die heraufkommende Masse zu protestieren, wäre es richtiger, sich zu fragen, wo die menschlichen Probleme dieser Masse liegen? Sie liegen darin, ob die Einebnung, welche mit der Vielzahl gegeben ist, nur zum Verlust der Persönlichkeit, oder auch zu dem der Person führt. Das Erste darf geschehen; das Zweite niemals.

Aber die Frage, wie die Chancen der Personalität in der Masse offen bleiben, ja wie sie eine ganz besondere Dringlichkeit bekommen könne, kann nicht von den Maßstäben der alten Persönlichkeitskultur, sondern muß von denen der Masse selbst beantwortet werden. Und da darf man wohl annehmen, im Verzicht auf die reiche und freie Fülle der Persönlichkeitskultur werde das, was eigentlich »Person« ist, das Gegenüber zu Gott, die Unverlierbarkeit der Würde, die Unvertretbarkeit in der Verantwortung, mit einer geistigen Entschiedenheit hervortreten, wie sie vorher nicht möglich war. So seltsam es klingen mag: die gleiche Masse, welche die Gefahr der absoluten Beherrschbarkeit und Verwendbarkeit in sich trägt, hat auch die Chance zur vollen Mündigkeit der Person in sich. Allerdings sind dabei Aufgaben einer inneren Befreiung, einer Stählung gegen die immer ungeheuerlicher anwachsenden Es-Mächte gestellt, die wir noch kaum erst zu ahnen vermögen.

Dazu kommt ein Zweites: Wenn wir die Vorgänge der letzten Jahrhunderte nicht nur als Schritte zum Untergang ansehen wollen, müssen wir in ihnen einen positiven Sinn erkennen. Dieser Sinn liegt in dem uns unausweichlich aufgegebenen

Herrschaftswerk über die Welt[7]. Die Anforderungen dieses Werkes werden so ungeheuer sein, daß sie aus den Möglichkeiten der individuellen Initiative und des Zusammenschlusses individualistisch geformter Einzelner nicht zu lösen sind. Es wird einer Sammlung der Kräfte und einer Einheit der Leistung bedürfen, die nur aus einer anderen Haltung hervorgehen können. Ebendiese Haltung ist es aber, die sich in der Selbstverständlichkeit anzeigt, mit welcher der Mensch der werdenden Zeit auf Besonderheiten verzichtet und eine gemeinsame Form annimmt – ebenso wie in der Selbstverständlichkeit, mit der er die individuelle Initiative aufgibt und sich in die Ordnung stellt. Der Vorgang vollzieht sich heute unter so viel Entwürdigung und Vergewaltigung des Menschen, daß man in Gefahr steht, seinen positiven Sinn nicht zu sehen. Der ist aber da. Er liegt in der Größe des Werkes – welcher eine Größe der menschlichen Haltung entspricht, nämlich eine vollkommene Solidarität sowohl dem Werk, wie auch dem Nachbarn in der Arbeit gegenüber. In einem Gespräch über die Frage, was die ethische Erziehung des heutigen jungen Menschen als unmittelbar vorhanden voraussetzen könne, ergab sich eine einzige Antwort: die Kameradschaft. Die könnte als der formale Rest verstanden werden, der übrig bleibt, wenn alle inhaltlichen Werte zerfallen sind; sie kann aber auch, und soll, glaube ich, verstanden werden als Anzeichen von Werdendem. Es ist Kameradschaft im Dasein: im kommenden Menschheitswerk und in der kommenden Menschheitsgefahr. Wird diese Kameradschaft aus der Person heraus begriffen, dann ist sie das große menschliche Positivum der Masse. Von ihr aus können – immer unter den veränderten Bedingungen, welche diese Masse schafft – die menschlichen Werte der Güte, des Verstehens, der Gerechtigkeit wiedergewonnen werden.

Von hier aus müssen wohl auch die so viel beredeten demokratischen Werte umgedacht werden. Jeder empfindet die

---

[7] Vgl. S. 74 ff.

tiefe Krise, in welche sie gekommen sind. Die Krise stammt daher, daß jene Werte ihre geschichtliche Prägung in der Atmosphäre der Persönlichkeitskultur empfangen haben. Sie drücken den Anspruch der Vielen aus, jeder von ihnen müsse zur Persönlichkeit werden können. Ebendamit setzen sie aber die relativ kleine Zahl voraus; und es zeigt sich denn auch, daß echter demokratischer Geist in diesem Sinne nur in kleinen Ländern; wenn aber in großen, dann nur in solchen möglich ist, die noch sehr viel offenen Raum haben. Die Entscheidung über die Zukunftskraft der demokratischen Werte liegt aber darin, ob sie in die Kargheit und Existenzstrenge der Person umgedacht und umgelebt werden – jener Person, die in der Masse steht.

Gelingt das nicht, dann tritt die zweite furchtbare Möglichkeit ein: daß der Mensch den Es-Mächten verfällt. Noch etwas anderes muß bedacht werden. Die Maßbilder des menschlichen Daseins ruhten bis hoch in die Neuzeit auf der Vorstellung des »humanen Menschen«. Das Wort meint aber hier kein sittliches Urteil, sondern eine Struktur, die sich positiv wie negativ bestimmen kann. Sie erscheint im Laufe der geschichtlichen Entwicklung in verschiedenen Bildern: als Mensch der Antike, des Mittelalters, der Neuzeit; letzterer bis zu einer schwer zu ziehenden Grenze nach der Jahrhundertwende. Diese Bilder unterscheiden sich voneinander sehr scharf; trotzdem haben sei eines gemeinsam – eben das, was der Begriff des »Humanen« meint.

Vielleicht kann man es als die Tatsache bestimmen, daß das Wirkfeld dieses Menschen mit seinem Erlebnisfeld zusammenfiel. Was er erfaßte, waren im Wesentlichen die Dinge der Natur, wie er sie mit seinen Sinnen sehen, hören, greifen konnte. Die Wirkungen, die er hervorbrachte, waren im Wesentlichen die seiner Organe, erweitert und verstärkt durch jene Hilfsmittel, die wir Werkzeuge nennen. Deren Steigerungseffekt war zuweilen sehr groß; schon Antike und Mittelalter kannten ja maschinelle Prinzipien, und die Neuzeit hat sofort damit begonnen, sie wissenschaftlich und technisch zu entwickeln. Trotzdem ging dieser Effekt bis tief in die Neuzeit herein nicht wesentlich, nicht so, daß es die ganze Position veränderte, über den Bereich dessen hinaus, was der Mensch mit seiner Sinnesorganisation auffassen, mit seiner Vorstellung vergegenwärtigen und mit seinem Gefühl erleben konnte. So standen Wollen und Können im Einklang mit seiner körperlich-seelischen Organisation. Und ebenso mit der unmittelbar gegebenen Natur; denn was er tat, benutzte ihre Energien, verwertete ihre Stoffe, entwickelte ihre Formen, ließ aber ihren Bestand im Wesentlichen unversehrt. Der Mensch beherrschte sie, in dem er sich in sie einfügte.

Dieses – natürlich sehr elastische – Maßverhältnis; dieser Einklang des Gewollten und Gekonnten mit dem Unmittelbar-Gegebenen; diese Möglichkeit, das Gewußte und Bewirkte auch zu durchleben, bildet jene Qualität, welche das Wort »human« hier meint.

Dann wandelt sich das Verhältnis. Das Feld des Erkennens, Wollens und Wirkens des Menschen überschreitet, erst in einzelnen Fällen, darauf immer häufiger, schließlich einfachhin den Bereich seiner unmittelbaren Organisation. Der Mensch weiß nun intellektuell-wissenschaftlich einfachhin mehr, als er sinnenhaft sehen, ja auch nur vorstellen kann, denken wir an die Größenordnungen der Astronomie. Er vermag Wirkungen zu planen und durchzuführen, die er einfachhin nicht mehr durchfühlen kann, denken wir an die durch die Physik erschlossenen technischen Möglichkeiten. Dadurch verändert sich sein Verhältnis zur Natur. Es verliert die Unmittelbarkeit, wird indirekt, durch Rechnung und Apparat vermittelt. Es verliert die Anschaulichkeit; wird abstrakt und formelhaft. Es verliert die Erlebbarkeit; wird sachhaft und technisch.

Dadurch verändert sich aber auch das Verhältnis des Menschen zu seinem Werk. Es wird ebenfalls weithin indirekt, abstrakt und sachhaft. Er kann es weithin nicht mehr durchleben, sondern nur noch berechnen und kontrollieren. Daraus

ergeben sich schwere Fragen. Denn der Mensch ist doch, was er erlebt – was ist er aber, wenn sein Tun ihm inhaltlich nicht mehr zum Erlebnis werden kann? Verantwortung bedeutet doch das Einstehen für das, was man tut; den Übergang des jeweiligen Sachgeschehens in die ethische Aneignung – was ist sie aber, wenn der Vorgang keine konkrete Gestalt mehr hat, sondern in Formeln und Apparaturen verläuft?
Den Menschen, der so lebt, nennen wir den »nicht-humanen« Menschen. Auch dieses Wort drückt kein sittliches Urteil aus, ebensowenig wie das des »humanen«. Es meint eine geschichtlich gewordene und sich immer schärfer betonende Struktur – jene, in welcher das Erlebnisfeld des Menschen von seinem Erkenntnis- und Wirkfeld grundsätzlich überschritten wird[8].

Damit verändert sich aber – und damit greifen wir noch einmal auf das bereits Erörterte zurück – auch das Bild der Natur selbst. Auch sie kann immer weniger erreicht, vorgestellt, erlebt werden.
Was Giordano Bruno und Montaigne, Rousseau und Spinoza, Goethe und Hölderlin, ja noch die Materialisten vom Ende des neunzehnten Jahrhunderts unter dem Wort »Natur« verstanden, war der Inbegriff der Dinge und Vorgänge, welche der Mensch um sich her antraf, und die sich, von da aus, in immer weiterlaufende Zusammenhänge hinaus erstreckten; das Gefüge ihrer unmittelbar gegebenen Gestalten und Verläufe, das zu ihm in einem Verhältnis harmonischer Gemäßheit stand. Sie waren da, zugänglich und lebendig erfahrbar – jetzt beginnt alles ins Unerreichbare zurückzuweichen. Gewiß war auch die Natur im früheren Sinne »geheimnisvoll« noch »am hellen Tag«; aber ihr Geheimnis

---

[8] Die Bezeichnung ist sehr ungünstig, und die Antworten auf die beiden ersten Auflagen dieser Schrift haben meine Befürchtungen bestätigt – vor allem die, das »Nicht-Humane« möchte als das »Inhumane« verstanden werden. Ich finde aber kein besseres Wort; so kann ich den Leser nur bitten, sie aus dem Zusammenhang dieser Darlegung heraus verstehen zu wollen.

war zum Menschen kontinuierlich, so sehr, daß er es als »Mutter Natur« anreden konnte. Es war bewohnbar, auch wenn er darin nicht nur Geburt und Wachstum, sondern auch Schmerz und Tod fand. Jetzt wird die Natur schlechthin fern und ermöglicht keine unmittelbare Beziehung mehr. Sie kann weithin nicht mehr anschaulich, sondern nur noch abstrakt gedacht werden. Sie wird immer mehr zu einem verwickelten Gefüge von Relationen und Funktionen, nur in mathematischen Zeichen zu erfassen, und von etwas getragen, das nicht mehr eindeutig benannt werden kann.

Diese Natur kann auch weithin nicht mehr empfunden werden – es sei denn mit sehr entlegenen, ja grenzhaften Gefühlen: als das einfachhin Fremde, Unerfahrbare und Unanredbare. Wenngleich man auch hier wohl vorsichtig sein muß. Wahrscheinlich liegen auch hier Möglichkeiten und Aufgaben. Sie könnten bedeuten, daß die Grenze der Erlebbarkeit hinausgeschoben wird, und so Größen von Dingen und Wirkungen zur Erfahrung gelangen, die vorher unempfindbar blieben. Sie könnten aber auch bedeuten, daß sich eine Weise des indirekten Erfühlens entwickelt, welche das bisher nur abstrakt zu Denkende ins eigene Leben nimmt[9]. Jedenfalls wird sich aber dieser Natur gegenüber eine Wachsamkeit und ein Ernst der Verantwortung herausbilden müssen, die mit den oben berührten Problemen der Personalität zusammenhängen und von denen noch die Rede sein soll.
Diese Natur ist, um die für den Menschen gewählte Bezeichnung weiterzuführen, nicht mehr die »natürliche Natur«, von welcher der Begriff des »Natürlichen« als des unmittelbar Einleuchtenden, Sich-von-selbst-Verstehenden herstammt, sondern die »nicht-natürliche Natur« – auch dieses Wort

---

[9] Von hier aus öffnet sich vielleicht ein Zugang zur abstrakten Kunst – soweit sie wirklich »Kunst« und nicht bloßes Experiment, oder einfach Mache ist.

nicht als Ausdruck eines Urteils, sondern als Beschreibung genommen.

Selbstverständlich bleibt die Blume auf dem Tisch die blühende und duftende Schönheit, die sie vorher war; der Garten ist immer der Bereich in die Nähe des Menschen gezogener Ursprünglichkeit; Berg und Meer und gestirnter Himmel treten dem Empfänglichen noch jetzt mit der befreienden Größe ihrer Gestalten entgegen. Obwohl auch hier die Wirkungen der »Technik« zu berücksichtigen sind – das Wort in seiner allgemeinsten Bedeutung, für Wasserbewirtschaftung und Verkehrswesen, Touristik und Vergnügungsindustrie und alles das genommen, was überall die Natur im ursprünglichen Sinne zum Verschwinden bringt.

Selbstverständlich behalten die Bemühungen, in Lebensweise und Heilform, Erziehung und Bildung das »der Natur Gemäße« wiederzugewinnen, ihren vollen Sinn. Ebenso wie der Mensch mit dem Recht der Notwehr danach trachten muß, wieder die Ursprünglichkeit seines leib-geistigen Wesens zu erringen, in der verlorenen Welt der Symbole wieder heimisch zu werden, und was alles sich in den Bestrebungen der letzten Jahrzehnte als Forderung erhoben hat.

Aber jeder, der sich in diesen Dingen bemüht, fühlt doch die Entscheidung, die gestellt ist: ob sie romantisch, als Rückkehr zu einem Naturverhältnis, das es nicht mehr gibt – oder aber realistisch, in Beziehung zum Kommenden gemeint sind. Und das so, daß die Natürlichkeit darin nicht nur gerade noch gerettet wird, wie das in der unfruchtbaren Abseitigkeit der verschiedenen »Lebensreformen« geschieht, sondern im Neuen selbst erkämpft, aus ihm heraus entwickelt wird. Aufgaben, die mit den der Personalität gegenüber erkannten eng zusammenhängen.

Diese beiden Phänomene: der nicht-humane Mensch und die nicht-natürliche Natur bilden einen Grundbezug, auf dem das kommende Dasein aufbauen wird.

Es ist jenes Dasein, in welchem der Mensch fähig ist, seine Herrschaft über die Welt zu ihren letzten Konsequenzen zu führen, indem er seine Zwecke frei setzt, die unmittelbare Wirklichkeit der Dinge auflöst und ihre Elemente zur Verwirklichung seiner Ziele verwendet – ohne Rücksicht auf irgendwelche Unantastbarkeiten, wie sie sich aus dem früheren Menschen- und Naturbild ergeben mochten.

IV

Es war schon nicht leicht, vom Wandel zu sprechen, der sich im neuzeitlichen Verhältnis zur Natur und zur Subjektivität vollzogen hat, denn wir stehen mitten in seinem Fortgang; noch schwieriger wird aber auszudrücken sein, was mit der Kulturvorstellung geschieht.
Auch hier vollzieht sich ein Wandel; und er besteht nicht nur in der Entdeckung neuer Gegenstände und Methoden, im Wachsen der Möglichkeiten und Aufgaben, sondern der ganze Charakter dessen, was »Kultur« heißt, scheint sich zu ändern.
Wir Heutigen haben Mühe, nachzufühlen, was für die frühe Neuzeit das kulturelle Schaffen bedeutet hat. Es war der Ausbruch eines Daseinsfrühlings von überschwenglicher Fülle und unbändiger Zukunftsgewißheit. Mathematik und Naturwissenschaft entwickelten sich in schnellem Fortschreiten. Das Altertum wurde erschlossen, auch die Historie begann ihre unabsehliche Arbeit. Das Interesse am Menschen erwachte, beobachtete die Mannigfaltigkeit seiner Erscheinungen und schuf, analysierend und verstehend, die Wissenschaften der Anthropologie und Psychologie. Die Staatskunde betrachtete die menschliche Gemeinschaft wie ein großes Lebewesen, untersuchte ihr Werden, die Mannigfaltigkeit ihrer Formen und die Bedingungen ihres Bestehens. Die Philosophie löste sich von der Bindung an den geistlichen Stand und wurde zur direkten Befragung der Weltphänomene durch den Menschen. Die Kunst in all ihren Erschei-

nungen, als Architektur, Plastik, Malerei, Dichtkunst, Drama, nahm ebenfalls den Charakter eines autonomen Werkbereichs an und brachte eine unübsehbare Fülle von Gestaltungen hervor. Die Nationalstaaten mit ihrem gewaltigen Kraftgefühl bildeten sich. Mit erregender Kühnheit wurde die Erde in Besitz genommen. Meere und Länder wurden entdeckt und das System der Kolonien organisiert. Endlich alle die jeder früheren Zeit unfaßlichen Entdeckungen und Konstruktionen, die wir Technik nennen, und mit denen der Mensch die Natur beherrscht – unlöslich verbunden mit dem neuzeitlichen Wirtschaftswesen, in welchem ein durch nichts eingeschränktes Erwerbsstreben das vielgegliederte System des Kapitalismus hervorbringt. Alles das war wie ein Ausbruch unbekannter Kräfte aus bisher verschlossenen Tiefen. Der Mensch erlebte die Welt und, an der Welt, sich selbst in ganz neuer Weise. Eine unbändige Zuversicht erfüllte ihn, nun beginne jenes Eigentliche, für das alles Frühere nur Vorbereitung oder Hindernis gewesen sei.

Der neuzeitliche Mensch ist überzeugt, jetzt endlich vor der Wirklichkeit zu stehen. Nun werden sich ihm die Quellen des Daseins öffnen. Die Energien der erschlossenen Natur werden mit denen seines eigenen Wesens zusammengehen, und das große Leben wird sich verwirklichen. Die verschiedenen Bereiche des Erkennens, Handelns und Schaffens werden sich je nach ihren Gesetzen aufbauen; Bereich wird sich an Bereich schließen; ein Ganzes von überwältigender Fülle und Einheit, eben »die Kultur«, wird heraufwachsen, und in ihm wird sich der Mensch erfüllen.

Ausdruck dieser Gesinnung ist der neuzeitliche Glaube an den Fortschritt, der mit Sicherheit aus der Logik von Menschenwesen und Menschenwerk hervorgeht. Die Gesetze der Natur, die psychologische und logische Struktur des menschlichen Lebens, die Verhältnisse der Individuen zueinander ebenso wie die Verhaltensformen der soziologischen Ganzheiten – alles das ist so, daß es mit innerer Notwendigkeit auf das Werden des Besseren hindrängt.

Wir Heutige stehen nicht mehr in dieser Haltung. Im Gegenteil, wir erkennen immer klarer, daß die Neuzeit sich getäuscht hat.
Damit ist nicht gemeint, daß wir an ihrem Kulturschaffen Kritik übten; das ist schon früher geschehen. Mit dem triumphierenden Aufschwung ihrer Entwicklung setzt in allen Formen, von der vertrauend-erzieherischen bis zur pessimistisch-skeptischen, die Kritik an ihr ein. Auf dem Gipfel der aus Renaissance und Barock hervorgehenden europäischen Entwicklung sagt Rousseau, von einer sehr naheliegenden Grenze an sei Kultur überhaupt vom Übel und mahnt, zur Natur zurückzukehren, die allein echt und schuldlos sei. Solche Stellungnahmen gehen aber letztlich darauf, die Gesamtentwicklung in Maß und Richtung zu halten; diese selbst wird nicht wirklich in Frage gestellt. Nur die christliche Kritik geht tiefer. Sie kennt von der Offenbarung her die Gefahr, daß der Mensch sich an Welt und Werk verliere, weiß vom »einen Notwendigen« und vermag so den zuerst enthusiastischen, dann zum Dogma gewordenen Fortschritts-Optimismus zu durchschauen. Sie erkennt die Unwahrheit des Autonomiegedankens und weiß, daß ein Kulturaufbau, der Gott wegtut, nicht gelingen kann, aus dem einfachen Grunde, weil Gott ist. Doch kommen Bezweiflung und Kritik aus der Offenbarung, das heißt, von außerhalb der Kultur selbst her; so haben sie zwar recht, bleiben aber geschichtlich unwirksam.
Heute kommen Zweifel und Kritik aus der Kultur selbst. Wir vertrauen ihr nicht mehr. Wir können sie nicht mehr, wie die Neuzeit es getan hat, als wesenhaften Lebensraum und verläßliche Lebensordnung annehmen. Sie ist uns durchaus nicht als »objektiver Geist« Ausdruck der Daseinswahrheit. Im Gegenteil, wir fühlen, mit ihr stimmt es nicht. Wir müssen uns vor ihr in acht nehmen. Und nicht nur, weil es in ihr Mißstände gäbe, oder sie geschichtlich überholt wäre, sondern weil ihr Grundwille und ihr Maßbild falsch sind. Weil man dem Menschenwerk überhaupt nicht in der Weise

vertrauen kann, wie die Neuzeit es getan hat – ihm ebensowenig wie der Natur.
Gewiß, eine solche Kritik muß sich ihrer Fehlerquellen bewußt bleiben. Es könnte sein, daß aus ihr der Pessimismus eines Volkes spräche, das seinen Zusammenbruch absolut setzt; oder die dunkle Stimmung des Abendlandes, welches fühlt, es habe gealtert, und die Führung sei an jüngere Völker übergegangen. Trotzdem scheint die Feststellung richtig zu sein.
Die neuzeitliche Auffassung hat die Kultur für etwas »Natürliches« gehalten. Nicht im unmittelbaren Sinne, da sie ja doch gerade auf der Fähigkeit des Geistes ruht, sich aus dem Naturzusammenhang zu lösen und ihm gegenüberzustellen. Im Sinne der Neuzeit bilden aber Natur und Geist ein Ganzes; das Ganze einfachhin, die Welt, in welcher alles nach letzten Gesetzen verläuft, daher notwendig und richtig ist. Diese Überzeugung ist es, welche den neuzeitlichen Kulturoptimismus begründet.

Der Gang der Geschichte hat aber diese Meinung als Irrtum erwiesen. Der Menschengeist ist frei, Gutes wie Böses zu tun, zu bauen wie zu zerstören. Und dieses Negative ist kein im Gesamtprozeß notwendiges Gegensatz-Element, sondern negativ im sauberen Sinn des Wortes: es wird getan, obwohl es nicht getan zu werden brauchte, obwohl anderes, Richtiges, getan werden könnte. Ebendies ist aber geschehen, im Wesentlichsten und auf der breitesten Linie. Die Dinge sind einen falschen Weg gegangen, die Zustände zeigen es. Unsere Zeit fühlt das, und ist im Tiefsten beunruhigt. Darin liegt aber auch ihre große Chance: den Optimismus der Neuzeit durchbrechen und die Wahrheit sehen zu können.
Das wird an vielen Momenten des heutigen Zustandes sichtbar; wir greifen einige heraus.
Da ist vor allem die immer deutlicher sich abzeichnende Tatsache, daß die Kultur der Neuzeit – Wissenschaft, Philosophie, Erziehung, Gesellschaftslehre, Literatur – den

Menschen falsch gesehen hat; nicht nur in Einzelheiten, sondern im Grundsatz und daher im Ganzen. Der Mensch ist nicht jener, den Positivismus und Materialismus zeichnen. Für diese »entwickelt« er sich aus dem tierischen Leben, welches seinerseits aus irgendwelchen Differenzierungen der Materie hervorgeht. Trotz noch so vieler Gemeinsamkeiten ist aber der Mensch etwas wesentlich Eigenes, denn er wird vom Geist bestimmt, der seinerseits von nichts Materiellem abgeleitet werden kann. Dadurch bekommt alles, was er ist, einen besonderen, von allem Lebendigen sonst sich unterscheidenden Charakter.

Der Mensch ist auch nicht, wie der Idealismus ihn sieht. Dieser nimmt wohl den Geist an, setzt ihn aber dem absoluten Geiste gleich und wendet die Kategorie der Entwicklung auf letzteren an. Der Prozeß des absoluten Geistes ist der Gang der Welt, und der Mensch ist in diesen Gang hineingenommen. So kann es für diesen eine Freiheit im redlichen Sinn des Wortes, eine echte Entscheidung aus eigenem Anfang nicht geben. Daher kann es auch die Geschichte im redlichen Wortsinn nicht geben, und der Mensch verliert seinen wesenseigenen Daseinsraum. So ist er aber nicht. Er ist endliches Wesen, aber echte Person; unaufhebbar in seiner Eigenständigkeit, unverdrängbar in seiner Würde, unvertretbar in seiner Verantwortung. Und die Geschichte geht nicht so, wie die Logik eines Weltwesens sie vorschreibt, sondern wie der Mensch sie in Freiheit bestimmt.

Der Mensch ist aber auch nicht, wie der Existentialismus ihn sieht. Nach diesem hat er keine Voraussetzungen, weder Wesen noch Norm. Er ist absolut frei, und bestimmt sich selbst; nicht nur in der Handlung, sondern auch im Sein. Hinausgeworfen ins Ort- und Ordnungslose, hat er nur sich, sonst nichts, und sein Leben ist radikales Selbstschicksal. Auch das ist nicht wahr. Es gibt für ihn ein Wesen, welches macht, daß der Mensch sagen kann: ich bin das und das. Es gibt eine Ordnung, welche macht, daß der Mensch sagen kann: ich bin jetzt und hier, und stehe in diesem bestimmten

Zusammenhang der Dinge. Es gibt umgebende Welt, All-Welt wie Umwelt, die bedrohen, aber auch tragen.
So könnte noch vieles angeführt werden.
Niemand, der sich seines Menschentums bewußt ist, wird sagen, er finde sich im Bilde der neuzeitlichen Anthropologie wieder, ob diese nun biologisch, oder psychologisch, oder soziologisch, oder wie immer geartet sei. Immer nur Einzelnes von sich, Eigenschaften, Zusammenhänge, Strukturen – nie einfachhin sich selbst. Man spricht vom Menschen, aber er wird nicht wirklich gesehen. Die Bewegung geht auf ihn zu, aber er wird nicht erreicht. Man hantiert mit ihm, aber er kommt nicht in den Griff. Man erfaßt ihn statistisch, ordnet ihn in Organisationen ein, gebraucht ihn zu Zwecken, aber es zeigt sich das seltsame, grotesk-furchtbare Schauspiel, daß alles an einem Phantom geschieht. Noch wenn der Mensch Gewalt erfährt, wenn er mißbraucht, entstellt, zerstört wird, ist er nicht das, worauf die Intention der Gewalt sich richtet.
Den Menschen der neuzeitlichen Anschauung gibt es nicht. Immerfort macht sie den Versuch, ihn in Kategorien einzuschließen, in die er nicht gehört: mechanische, biologische, psychologische, soziologische – alles Variationen des Grundwillens, aus ihm ein Wesen zu machen, das »Natur« ist, und sei es Geistnatur. Nur eines sieht sie nicht, was er doch zuerst und unbedingt ist: endliche Person, die als solche existiert, auch wenn sie es nicht will, auch wenn sie ihr eigenes Wesen leugnet. Angerufen von Gott, in Begegnung mit den Dingen und mit den anderen Personen. Person, welche die herrliche und furchtbare Freiheit hat, die Welt zu bewahren oder zerstören, ja sich selbst behaupten und erfüllen, oder preisgeben und zugrunde richten zu können. Und letzteres nicht als notwendiges Element in einem überpersönlichen Prozeß, sondern als etwas wirklich Negatives, vermeidbar und zutiefst sinnlos.
Wäre die Kultur, als was die Neuzeit sie gesehen hat, dann hätte sie den Menschen nie in einer solchen Weise verfehlen,

ihn nie derart aus dem Blick und den Ordnungen verlieren können, wie sie es getan hat.

Das gleiche zeigt sich an der immer größer und dringlicher werdenden Gefahr, die sich aus der Kultur selbst erhebt – sowohl für sie, wie auch für den Menschen, der sie trägt. Diese Gefahr kommt aus verschiedenen Quellen: besonders aber aus dem, was die Grundlage alles Kulturschaffens bildet, nämlich der Macht über das Seiende. Der neuzeitliche Mensch ist der Meinung, jede Zunahme an Macht sei einfachhin »Fortschritt«; Erhöhung von Sicherheit, Nutzen, Wohlfahrt, Lebenskraft, Wertsättigung. In Wahrheit ist die Macht etwas durchaus Mehrdeutiges; kann Gutes wirken wie Böses, aufbauen wie zerstören. Zu was sie tatsächlich wird, hängt davon ab, wie die Gesinnung ist, die sie regiert, und der Zweck, zu dem sie gebraucht wird. Bei genauer Prüfung zeigt sich aber, daß im Laufe der Neuzeit zwar die Macht über das Seiende, Dinge wie Menschen, in einem immer ungeheuerlicheren Maße ansteigt, der Ernst der Verantwortlichkeit aber, die Klarheit des Gewissens, die Kraft des Charakters mit diesem Anstieg durchaus nicht Schritt halten[10]. Es zeigt sich, daß der moderne Mensch nicht zum richtigen Gebrauch der Macht erzogen wird; ja daß weithin sogar das Bewußtsein des Problems fehlt, oder sich doch auf gewisse äußere Gefahren beschränkt, wie sie im Kriege deutlich geworden sind und durch die Publizistik erörtert werden.
Das bedeutet, daß die Möglichkeit, der Mensch werde die Macht falsch gebrauchen, beständig wächst. Da es ein wirkliches und wirksames Ethos des Machtgebrauchs noch nicht gibt, wird die Neigung immer größer, diesen Gebrauch als einen Naturvorgang anzusehen, für welchen keine Freiheitsnormen, sondern nur angebliche Notwendigkeiten des Nutzens und der Sicherheit bestehen.

---

[10] Siehe dazu, wie auch zum Folgenden, meine Schrift: »Der unvollständige Mensch und die Macht«, Würzburg 1956.

Mehr: die Entwicklung macht den Eindruck, als ob die Macht sich objektiviere; als ob sie im Grunde überhaupt nicht mehr vom Menschen innegehabt und gebraucht werde, sondern sich selbständig aus der Logik der wissenschaftlichen Fragestellungen, der technischen Probleme, der politischen Spannungen weiterentfalte und zur Aktion bestimme.

Ja, das bedeutet, daß die Macht sich dämonisiert. Das Wort ist zerredet und zerschrieben, wie alle für das Dasein des Menschen wichtigen Worte; so muß man sich, bevor man es braucht, auf seinen Ernst besinnen. Es gibt kein Seiendes, das herrenlos wäre. Sofern es Natur ist – das Wort im Sinn der nicht-personalen Schöpfung gemeint – gehört es Gott, dessen Wille sich in den Gesetzen ausdrückt, nach welchen diese Natur besteht. Sofern es im Freiheitsbereich des Menschen erscheint, muß es einem Menschen gehören und von ihm verantwortet werden. Geschieht das nicht, dann wird es nicht wieder zu »Natur« – fahrlässige Annahme, mit welcher, mehr oder weniger bewußt, die Neuzeit sich tröstet; es bleibt nicht einfach disponibel, auf Vorrat gleichsam, sondern etwas Anonymes ergreift von ihm Besitz. Drücken wir es psychologisch aus: es wird vom Unbewußtsein her regiert, und das ist etwas Chaotisches, in welchem die Möglichkeiten des Zerstörens mindestens ebenso stark sind wie die des Heilens und Aufbauens. Das ist aber noch nicht das Letzte. Von der Macht des Menschen, die nicht durch sein Gewissen verantwortet wird, ergreifen die Dämonen Besitz. Und mit dem Wort meinen wir kein Requisit der augenblicklichen Journalistik, sondern genau das, was die Offenbarung meint: geistige Wesen, die von Gott gut geschaffen sind, aber von Ihm abgefallen; die sich für das Böse entschieden haben und nun entschlossen sind, Seine Schöpfung zu verderben. Diese Dämonen sind es, welche dann die Macht des Menschen regieren: durch seine scheinbar natürlichen, in Wahrheit so widersprüchigen Instinkte; durch seine scheinbar folgerichtige, in Wahrheit so leicht beeinflußbare Logik; durch seine unter aller Gewalttätigkeit so hilflose Selbstsucht. Wenn man ohne rationalistische und naturalistische Vorentscheidungen das Geschehen der letzten Jahre betrachtet, dann reden seine Art des Verhaltens und seine geistig-seelische Stimmung deutlich genug.

Das alles hat die Neuzeit vergessen, weil der Empörungsglaube des Autonomismus sie blind gemacht hat. Sie hat gemeint, der Mensch könne einfachhin Macht haben und in deren Gebrauch sicher sein – durch irgendwelche Logik der Dinge, die sich im Bereich seiner Freiheit ebenso zuverlässig benehmen müßten, wie in dem der Natur. So ist es aber nicht. Sobald eine Energie, ein Material, eine Struktur, was es auch sei, in den Bereich des Menschen gelangt, bekommt es darin einen neuen Charakter. Es ist nicht mehr einfach Natur, sondern wird zu einem Element der menschlichen Umwelt. Es gewinnt Anteil an der Freiheit, aber auch an der Ungeschütztheit des Menschen, und wird dadurch selbst vieldeutig, Träger von Möglichkeiten positiver wie negativer Art. Die gleiche chemische Substanz ist im Organismus etwas anderes als im Mineral, weil der Organismus sie in eine neue Struktur und Funktionsform aufnimmt. Es wäre nicht wissenschaftlich, sondern primitiv gedacht, wenn man sagte, Sauerstoff sei Sauerstoff. Abstrakt genommen ist es so, konkret aber nicht, denn zur konkreten Bestimmung des Sauerstoffs gehört der Zusammenhang, in dem er steht. Ein Organ ist im Körper des Tieres etwas anderes als im Körper des Menschen, denn da gelangt es in die Lebensformen des Geistes, seiner Affekte, seiner rationalen und ethischen Erlebnisse, und gewinnt so neue Möglichkeiten der Leistung wie der Zerstörung; wir brauchen nur zu vergleichen, was »dem Herzen« in einem Menschen mit dem, was ihm in einem Tier zugemutet wird. Das nicht zu sehen, wäre materialistische Primitivität. Die nämliche Primitivität kehrt im neuzeitlichen Optimismus wieder, der meint, »Kultur« sei etwas in sich Gesichertes. In Wahrheit bedeutet sie, daß die Naturwirklichkeiten in den Bereich der Freiheit treten und dort eine Potentialität neuer Art erhalten. An ihnen werden

ganz neue Wirkungsmöglichkeiten freigesetzt – ebendadurch werden sie aber auch gefährdet und richten Unheil an, wenn sie nicht vom Menschen in die nun geforderte Ordnung, nämlich die sittlich-personale, gebracht werden. Hätten sonst mitten in der europäischen Kultur Dinge geschehen können, wie sie in den letzten Jahrzehnten geschehen sind? All das Furchtbare ist doch nicht vom Himmel gefallen – sagen wir richtiger, aus der Hölle heraufgestiegen! All die unfaßlichen Systeme der Entehrung und Zerstörung sind doch nicht ersonnen worden, nachdem vorher alles in Ordnung war. Ungeheuerlichkeiten von solcher Bewußtheit gehen doch nicht nur auf Rechnung entarteter Einzelner, oder kleiner Gruppen, sondern kommen aus Verstörungen und Vergiftungen, die seit langem am Werk sind. Was sittliche Norm, Verantwortung, Ehre, Wachheit des Gewissens heißt, verschwindet nicht in solcher Weise aus einem Gesamtleben, wenn es nicht schon längst entwertet war. Das könnte aber nicht geschehen, wenn Kultur wäre, was die Neuzeit in ihr sieht.
Sie tut, als ob der Weltstoff, sobald er in den Bereich der Freiheit kommt, ebenso gesichert bliebe wie in dem der Natur. Als ob eine Natur zweiten Grades entstünde, auf die man sich, wenn auch in komplizierterer und labilerer Weise, doch ebenso verlassen könne, wie auf die erste. Dadurch entsteht eine Fahrlässigkeit, ja eine Gewissenlosigkeit in der Handhabung des Seienden, welche dem Betrachtenden immer unbegreiflicher wird, je genauer er den Gang des Kulturgeschehens untersucht. Und daraus erhebt sich eine immer größer werdende Gefahr, materiell wie geistig, für den Menschen wie für sein Werk, für den Einzelnen wie für die Gesamtheit.
Diese Erkenntnis bricht sich allmählich Bahn – ob rasch genug, um ein die ganze Erde treffendes, weit über einen Krieg hinausgehendes Unheil aufzuhalten, ist eine andere Frage. Jedenfalls ist der bourgeoise Aberglaube an die innere Zuverlässigkeit des Fortschritts erschüttert. Viele ahnen, daß

»Kultur« etwas anderes ist, als die Neuzeit gemeint hat: keine schöne Sicherheit, sondern ein Wagnis auf Leben und Tod, von dem niemand weiß, wie es ausgehen wird.

Wir haben von einem »nicht-humanen Menschen« gesprochen und von einer »nicht-natürlichen Natur« – nun wäre ein Wort zu finden, welches den Charakter des kommenden Werkbildes ausdrückte. Ich gestehe, es nicht finden zu können. Schon die beiden anderen Bezeichnungen sind mißverständlich. Im Begriff des »Humanen« liegt der des Menschlichen, so daß die gewählte Bezeichnung wortmäßig das Nicht-Menschliche bedeutet. Dabei handelt es sich aber doch um den Menschen! Vielleicht muß man sogar sagen, um eine äußere Kundwerdung dessen, was »Mensch« heißt. Um eine letzte Entscheidung, in welcher sein Wesen sich bestimmt – dieses Wesen, dem gesetzt ist, seine endgültigen Bestimmungen jeweils nicht durch »Natur«, sondern durch Entscheidungen zu empfangen. Ebenso ist ja doch das, was die Wissenschaft als Wesen der Dinge entdeckt, auch und gerade die Natur, so daß auch hier die gewählte Bezeichnung sich in sich selbst aufzuheben scheint.

Ich kann also nur hoffen, der Leser werde die beiden Worte so verstehen, wie sie gemeint sind, nämlich aus der Geschichte heraus. Das »Humane« als jene besondere Form des Menschlichen, die von der Antike bis hoch in die Neuzeit herauf maßgebend war; und das »Natürliche« als jenes Bild der äußeren Wirklichkeit, welche dieser Mensch um sich sah und auf die er sich bezog...

Für die kommende Kultur weiß ich überhaupt keine Bezeichnung, denn von einer nicht-kulturellen Kultur zu sprechen, wäre zwar im hier gemeinten Sinne richtig, aber zu schwebend, um gebraucht werden zu können.

Jedenfalls – der nicht-humane Mensch, die nicht-natürliche Natur und die geahnte Form des künftigen Menschenwerkes gehören zusammen.

Dieses Bild des Menschenwerkes ist vom voraufgehenden tief verschieden. Ihm fehlt gerade das, was »Kultur« im alten

Sinne meint: das Ruhig-Fruchtbare, Blühende, Wohltuende; es ist ohne Vergleich härter und angestrengter. Ihm fehlt das Organische im Sinne des Wachstums wie der Proportion; es wird gewollt und durchgesetzt. Was aus ihm hervorgeht, ist nicht Raum sicheren Wohnens und Gedeihens; viel eher legen sich Begriffe nahe, wie der Arbeitsstätte und des Kriegslagers.

Das kommende Menschenwerk wird – wir müssen noch einmal darauf zurückkommen – vor allem einen Wesenszug aufweisen: den der Gefahr. Die einfachste Begründung für Notwendigkeit und Sinn der Kultur liegt darin, daß sie Sicherheit schafft. Darin drückt sich vor allem das Erlebnis des frühen Menschen aus, der sich von einer unverstandenen und unbewältigten Natur umgeben sah. Für ihn bedeutete Kultur alles das, was die andrängenden Mächte zurückdrängte und Leben möglich machte. Allmählich wuchs die Sicherheit. Die Natur verlor den Charakter des Fremden und Gefährlichen und wurde zu jenem Bereich unerschöpflicher Güterfülle, stets wirksamer Erneuerungskraft und reiner Ursprünglichkeit, die die Neuzeit in ihr gesehen hat. Dann aber wendete sich das Verhältnis abermals: im Fortgang der Geschichte gelangte der Mensch wieder in einen Raum der Gefahr; doch stieg diese aus eben jenen Bemühungen und Gestaltungen herauf, welche die erste Gefahr überwunden hatten, nämlich aus der Kultur selbst.

Sie rührt nicht von Einzelschwierigkeiten her, mit denen Wissenschaft und Technik noch nicht fertig geworden wären, sondern geht aus dem hervor, was eine Komponente jedes menschlichen Tuns, auch des geistigen, bildet, nämlich der Macht. Macht haben heißt, Herr des Gegebenen zu sein. Diese Macht bewirkt, daß die unmittelbaren Auswirkungen des betreffenden Seienden, mit denen es sich gegen unser Leben richtet, außer Kraft gesetzt, bzw. den Erfordernissen dieses Lebens eingeordnet werden. Das ist in entscheidender Weise geschehen; der Mensch hat die unmittelbaren Wirkungen der Natur weithin in der Hand. Nicht aber die mittelbare:

das »in der Hand haben« selbst. Er hat Macht über die Dinge, nicht aber – sagen wir zuversichtlicher: noch nicht Macht über seine Macht.

Der Mensch ist frei und kann seine Macht gebrauchen, wie er will. Ebendarin aber liegt die Möglichkeit, sie falsch zu brauchen; falsch im Sinne des Bösen wie des Zerstörenden. Was garantiert den rechten Gebrauch? Nichts. Es gibt keine Garantie dafür, daß die Freiheit sich richtig entscheide. Was es geben kann, ist nur eine Wahrscheinlichkeit, und sie liegt darin, daß der gute Wille zur Gesinnung, zur Haltung, zum Charakter wird. Die vorurteilslose Prüfung muß aber – wir haben es bereits bemerkt – feststellen, daß eine Charakterbildung, welche den richtigen Gebrauch der Macht wahrscheinlich machte, fehlt. Der neuzeitliche Mensch ist auf den ungeheuren Aufstieg seiner Macht nicht vorbereitet. Es gibt noch keine richtig durchdachte und wirksam geprägte Ethik des Machtgebrauchs; noch weniger eine Erziehung dazu, weder einer Elite noch der Gesamtheit.

Mit alledem hat die konstitutive Gefahr, die in der Freiheit liegt, eine dringliche Form angenommen. Wissenschaft und Technik haben die Energien der Natur wie des Menschen selbst derart zur Verfügung gestellt, daß Zerstörungen schlechthin unabsehbaren Ausmaßes, akute wie chronische, eintreten können. Mit genauestem Recht kann man sagen, daß von jetzt an ein neuer Abschnitt der Geschichte beginnt. Von jetzt an und für immer wird der Mensch am Rand einer sein ganzes Dasein betreffenden, immer stärker anwachsenden Gefahr leben.

Nimmt man dann noch die oben beschriebene, einschläfernde Vorstellung einer in sich gesicherten und Sicherheit schaffenden Kultur hinzu, so sieht man, wie wenig die heutige Menschheit vorbereitet ist, das Erbe des bisherigen Machterwerbs zu verwalten. Jederzeit kann die Situation sie überrennen. Und nicht nur die schlaffen Elemente in ihr, sondern auch, nein gerade die aktiven, die Eroberer, Organisatoren, Führer. Das erste ungeheure Beispiel dafür haben wir in den beiden vergangenen Jahrzehnten erlebt. Die Dinge sehen aber nicht so aus, als ob es wirklich und von hinreichend Vielen verstanden worden sei. Immer wieder gewinnt man den Eindruck, als ob das Mittel, mit welchem die flutartig ansteigenden Probleme bewältigt werden, im Letzten doch die Gewalt sei. Das hieße aber, daß der falsche Gebrauch der Macht zur Regel wird.

Das Kernproblem, um das die künftige Kulturarbeit kreisen, und von dessen Lösung alles, nicht nur Wohlfahrt oder Not, sondern Leben oder Untergang abhängen wird, ist die Macht. Nicht ihre Steigerung, die geht von selbst vor sich; wohl aber ihre Bändigung, ihr rechter Gebrauch.
Die Wildnis in ihrer ersten Form ist bezwungen: die unmittelbare Natur gehorcht. Sie kehrt aber innerhalb der Kultur selbst wieder, und ihr Element ist eben das, was die erste Wildnis bezwungen hat: die Macht selbst.
In dieser zweiten Wildnis haben sich alle Abgründe der Urzeit wieder geöffnet. Alles wuchernde und erwürgende Wachstum der Wälder dringt wieder vor. Alle Ungeheuer der Einöden, alle Schrecken der Finsternis sind wieder da. Der Mensch steht wieder vor dem Chaos; und das ist um so furchtbarer, als die meisten es gar nicht sehen, weil überall wissenschaftlich gebildete Leute reden, Maschinen laufen und Behörden funktionieren.

Vielleicht ist durch das Gesagte deutlicher geworden, warum wir erwogen haben, ob wir nicht die Bezeichnung der »nichtkulturellen Kultur« anwenden sollten. Wenn das, was der Mensch der vergangenen Jahrhunderte hervorbrachte und worin er wohnte, Kultur war, dann ist das, womit wir es heute zu tun haben, tatsächlich etwas anderes. Der existentielle Raum, in dem es steht, ist ein anderer; anders ist sein Charakter und anders, was von ihm abhängt.
Die tragende Tugend wird vor allem der Ernst sein, der die Wahrheit will. Vielleicht dürfen wir in der Sachlichkeit, die ja

in vielem zu spüren ist, eine Vorbereitung auf ihn sehen. Dieser Ernst will wissen, worum es wirklich geht, durch alles Gerede von Fortschritt und Naturerschließung hindurch, und übernimmt die Verantwortung, welche die neue Situation ihm auferlegt.

Die zweite Tugend wird die Tapferkeit sein. Eine unpathetische, geistige, personale Tapferkeit, welche sich dem heraufdrohenden Chaos entgegenstellt. Sie muß reiner und stärker sein als die vor Atombomben und Bakterienstreuern, denn sie hat den universellen Feind, das im Menschenwerk selbst aufsteigende Chaos zu bestehen – und hat, wie alle wirklich große Tapferkeit, die Vielen gegen sich, die Öffentlichkeit, die in Parolen und Organisationen verdichtete Unwahrheit.

Und ein Drittes muß hinzukommen: die Askese.

Für die Neuzeit war Askese etwas, vor dem ihr ganzes Gefühl zurückscheute; ein Inbegriff alles dessen, von dem sie sich lösen wollte. Ebendadurch ist sie aber innerlich eingeschlafen, sich selbst verfallen. Der Mensch muß lernen, durch Überwindung und Entsagung Herr über sich selbst zu werden – und dadurch auch Herr zu werden über seine eigene Macht. Die so gewonnene Freiheit wird den Ernst auf die wirklichen Entscheidungen richten, während wir heute eine schier metaphysische Gravität an Lächerlichkeiten gewandt sehen. Sie wird den bloßen Mut zur wirklichen Tapferkeit machen, und die Schein-Heroismen entlarven, in denen der heutige Mensch, von Schein-Absolutheiten gebannt, sich opfern läßt.

Aus alledem muß schließlich eine geistige Regierungskunst hervorgehen, in welcher Macht über die Macht ausgeübt wird. Sie unterscheidet Recht und Unrecht, Ziel und Mittel. Sie findet das Maß und schafft in den Anstrengungen der Arbeit und des Kampfes Raum für den Menschen, daß er in Würde und Freude leben könne. Das erst wird die eigentliche Macht sein.

Ich habe wohl deutlich machen können, daß hier kein Pessimismus verkündet werden soll. Besser gesagt, kein falscher Pessimismus, denn es gibt auch einen richtigen, und ohne ihn wird nichts Großes. Er ist die bittere Kraft, die das tapfere Herz und den schaffensfähigen Geist zum dauernden Werk befähigt.

Dieser sollte allerdings vertreten – und es sollte auf die eine und eigentliche Entscheidung hingewiesen werden, die hinter den vielen Einzelentscheidungen liegt, wie sie sich überall aufdrängen. Ihre Möglichkeiten lauten: Untergang in einer inneren wie äußeren Zerstörung – oder aber eine neue Weltgestalt als Raum für eine ihres Sinnes bewußte und zukunftsfähige Menschlichkeit.

Auf die Frage nach dem Wesen und dem Charakter dieser Weltgestalt soll hier nicht eingegangen werden. Wenn man die an vielen Stellen sich zeigenden Ansätze miteinander in Verbindung brächte; die Eigenart der werdenden Formen und Ordnungen untersuchte und sich bemühte, die wirkenden Motive und Haltungen zu verstehen, wäre wohl manches zu sagen. Es würde aber den Rahmen dieser kleinen Schrift überschreiten; so muß es für eine andere Gelegenheit zurückgestellt sein.

V

Vom Dargelegten her öffnet sich auch die Möglichkeit, etwas über die Religiosität der kommenden Zeit zu sagen – mit all den Vorbehalten, welche die Situation einer solchen Aussage auferlegt.

Blicken wir noch einmal zurück.

Im Mittelalter war das Leben in all seinen Schichtungen und Verzweigungen religiös durchwirkt. Der christliche Glaube bildete die allgemein angenommene Wahrheit. Gesetzgebung, soziale Ordnung, öffentliches wie privates Ethos, philosophisches Denken, künstlerische Arbeit, geschichtlich bewegende Ideen – alles war in irgendeinem Sinne christlich-kirchlich charakterisiert. Damit ist noch nichts über den menschlichen und kulturellen Wert der betreffenden Persönlichkeit oder Leistung gesagt; aber selbst die Weise, wie ein Unrecht geschah, stand noch unter christlichem Maßstab. Die Kirche war aufs engste mit dem Staat verwachsen; und auch da, wo Kaiser und Papst, Fürst und Bischof auf gespanntem Fuße standen, einander anklagten und unter Verruf setzten, wurde die Kirche als solche nicht in Frage gestellt[11].

Im Laufe der Neuzeit erfährt der ganze Zustand eine tiefe Veränderung.

Die Wahrheit der christlichen Offenbarung wird immer tiefer in Frage gestellt; ihre Gültigkeit für die Formung und Führung des Lebens immer entschiedener bestritten. Zur Kirche vollends tritt die kulturelle Gesinnung in immer schärferen Gegensatz. Der neue Anspruch, die verschiedenen

---

[11] Davon zu unterscheiden ist ein anderes: Christlicher Glaube bedeutet personhafte Bindung an den sich offenbarenden Gott, und der Rang des Glaubensvollzuges wird durch deren Klarheit und Treue bestimmt. Eine andere Frage ist aber, wie weit der betreffende Mensch fähig ist, religiöse Wirklichkeit überhaupt zu erfahren; wie lebendig er die Beziehung zum Göttlichen fühlt, und wie unmittelbar sie in sein Leben wirkt. Im Mittelalter war diese Ansprechbarkeit sehr groß. Die religiöse Erfahrung war stark, tief und fein entwickelt. Alle Dinge und Bezüge des Lebens waren von religiöser Valenz gesättigt. Dichtung und Kunst, staatliche, soziale und wirtschaftliche Formen, Brauchtum, Sage und Legende zeigen, daß, auch abgesehen von den jeweiligen Inhalten, das ganze Dasein religiösen Charakter trug. Hierin stand das Mittelalter in engem Fortgang zur Antike – ja sogar zur geschichtlichen Frühzeit, war doch die in der Völkerwanderung eingeströmte Lebendigkeit der jungen nordischen Völker in ihm wirksam. Diese religiöse Begabung bedeutet zunächst etwas anderes als christliche Frömmigkeit; ebenso wie das, was durch sie in Dingen und Geschehnissen aufgefaßt wird, etwas anderes ist als der Inhalt der Offenbarung. Zwischen beiden Erfahrungsbereichen besteht aber eine Beziehung. Die natürliche Religiosität wird durch die Offenbarung geläutert und in ihren Sinnzusammenhang aufgenommen. Ihrerseits bringt sie dem christlichen Glauben elementare Kräfte und einen Welt- und Lebensstoff zu, durch welchen die Inhalte der Offenbarung auf die irdische Wirklichkeit bezogen werden.

Bereiche des Lebens und Schaffens: Politik, Wirtschaft, Sozialordnung, Wissenschaft, Kunst, Philosophie, Erziehung usw. müßten rein aus ihren immanenten Maßstäben heraus entfaltet werden, erscheint als immer selbstverständlicher. So bildet sich eine nicht-christliche, vielfach widerchristliche Lebensform heraus. Sie setzt sich so konsequent durch, daß sie als das Normale einfachhin erscheint, und die Forderung, das Leben müsse von der Offenbarung her bestimmt werden, den Charakter kirchlichen Übergriffs bekommt. Selbst der Gläubige nimmt diesen Zustand weithin an, indem er denkt, die religiösen Dinge seien eine Sache für sich, und die weltlichen ebenfalls; jeder Bereich solle sich aus dem eigenen Wesen heraus gestalten, und es müsse dem Einzelnen überlassen bleiben, wie weit er in beiden zu leben wünsche.

Die Folge ist, daß auf der einen Seite ein von direkten christlichen Einflüssen abgelöstes autonomes Weltdasein entsteht: auf der anderen Seite eine Christlichkeit, die in eigentümlicher Weise diese »Autonomie« nachahmt. Wie sich eine rein wissenschaftliche Wissenschaft, eine rein wirtschaftliche Wirtschaft, eine rein politische Politik herausbildet, so auch eine rein religiöse Religiosität. Diese verliert immer mehr die unmittelbare Beziehung zum konkreten Leben, wird immer ärmer an Weltgehalt, beschränkt sich immer ausschließlicher auf »rein religiöse« Lehre und Praxis und hat für viele nur noch die Bedeutung, gewissen Kulminationspunkten des Daseins, wie Geburt, Eheschließung und Tod, eine religiöse Weihe zu geben.

Anmerkung: In der Regel ist es dieser Sachverhalt, an den man denkt, wenn von einer religiösen Situation der Neuzeit gesprochen wird. Aber auch etwas anderes trifft zu, nämlich die Abnahme jener unmittelbar-religiösen Empfänglichkeit, von welcher die Rede war.

Die Natur wird immer mehr experimentell und rational durchdrungen; die Politik als ein bloßes Spiel von Mächten und Interessen begriffen; die Wirtschaft aus der Logik des Nutzens und der Wohlfahrt abgeleitet; die Technik als eine große, jedem Zweck zur Verfügung stehende Apparatur gehandhabt; die Kunst als eine Gestaltung nach ästhetischen Gesichtspunkten und die Pädagogik als Heranbildung jenes Menschen angesehen, der imstande ist, diesen Staat und diese Kultur zu tragen. Im Maße das geschieht, sinkt die religiöse Empfänglichkeit. Darunter verstehen wir, noch einmal gesagt, nicht den Glauben an die christliche Offenbarung und die Führung eines von ihr her bestimmten Lebens, sondern das unmittelbare Ansprechen auf den religiösen Gehalt der Dinge; das Erfaßtwerden von der Geheimnisströmung der Welt, wie es sich bei allen Völkern und zu allen Zeiten findet.

Das heißt aber: der neuzeitliche Mensch verliert weithin nicht nur den Glauben an die christliche Offenbarung, sondern erfährt auch eine Schwächung seines natürlichen religiösen Organs, so daß er die Welt immer mehr als profane Wirklichkeit sieht. Das hat aber weittragende Konsequenzen.

So erscheint zum Beispiel der Zusammenhang der Ereignisse, aus denen das Leben besteht, nicht mehr als die Vorsehung, von welcher Jesus gesprochen, aber auch nicht einmal als jenes Schicksalsgeheimnis, das die Antike erlebt hat, sondern als eine bloße Folge empirischer Ursachen und Wirkungen, welche durchschaut und gelenkt werden kann. Das drückt sich in vielerlei Weise aus; eine mag für alle stehen, nämlich das moderne Versicherungswesen. Betrachtet man es in jener letzten Ausbildung, die es bereits in manchen Ländern erfahren hat, so erscheint es geradezu als Beseitigung jeglichen religiösen Hintergrundes. Alle Eventualitäten des Lebens werden »vorgesehen«, nach Häufigkeit und Wichtigkeit berechnet und unschädlich gemacht.

Die entscheidenden Geschehnisse des menschlichen Lebenslaufs: Empfängnis, Geburt, Krankheit und Tod verlieren ihren Geheimnischarakter. Sie werden zu biologisch-sozialen Vorgängen, um die sich eine immer sicherer werdende medizinische Wissenschaft und Technik kümmert. Soweit sie aber Tatsachen darstellen, die nicht gemeistert werden können, werden sie »anaesthesiert«, unerheblich gemacht – wobei bereits am Rande, und nicht nur am Rande des Kulturfeldes die Ergänzungstechnik zur rationalen Überwindung von Krankheit und Tod erscheint, nämlich die Beseitigung jenes Lebens, das dem Leben selbst als nicht mehr lebenswert, oder aber dem Staat als nicht mehr seinen Zwecken entsprechend erscheint.

Der religiöse Akzent, der früher auf dem Staate ruhte; der Charakter der Hoheit, welcher aus einer irgendwie gedachten göttlichen Weihe entsprang, verschwindet. Der moderne Staat leitet alle Gewalt vom Volke ab. Eine Weile wird versucht, dem Volk selbst Hoheitscharakter zu geben – siehe die Anschauungen der Romantik, des Nationalismus und der frühen Demokratie. Die Idee entleert sich aber bald und bedeutet nur noch, daß »das Volk«, will sagen, die zum Staat gehörigen Vielen, in irgendeiner Form der Willensäußerung die letzte Instanz für den Gang von dessen Maßnahmen bilden – soweit es nicht in Wahrheit eine handlungskräftige Sondergruppe ist, welche das Regiment führt.

So wäre noch vieles zu sagen. Überall bilden sich Weisen des Existierens, die sich nur vom Empirischen herleiten.

Daraus erhebt sich aber die Frage, ob ein so gebautes Leben auf die Dauer möglich sei? Hat es den Sinngehalt, dessen es bedarf, um Leben von Menschen bleiben zu können? Ja, vermag es auch nur die Zwecke zu erfüllen, die jeweils erfüllt werden sollen?

Verlieren die Ordnungen nicht ihre Kraft, wenn sie nur in ihrem empirischen Bestand genommen werden? Der Staat bedarf zum Beispiel des Eides. Er ist die verbindlichste Form, in welcher der Mensch eine Aussage macht oder sich zu einem Tun verpflichtet. Das geschieht, indem der Schwörende seine Erklärung ausdrücklich und feierlich auf Gott bezieht. Wenn aber – wohin die neuzeitliche Tendenz ja doch geht – der Eid diese Beziehung auf Gott nicht mehr enthält? Dann bedeutet er nur noch die Erklärung des Schwörenden, er nehme zu Kenntnis, daß er mit Zuchthaus bestraft werde, wenn er die Wahrheit nicht sage – eine Formel, die nur noch wenig Sinn und sicher keine Wirkung mehr hat.

Jedes Seiende ist mehr als es selbst. Jedes Geschehnis bedeutet mehr als seinen dürren Vollzug. Alles bezieht sich auf etwas, das über oder hinter ihm liegt. Erst von dort aus wird es voll. Verschwindet das, dann entleeren sich Dinge wie Ordnungen. Sie verlieren ihre Sinnkraft, überzeugen nicht mehr. Das Gesetz des Staates ist mehr als nur ein Gefüge von Regeln öffentlich gebilligten Verhaltens; hinter ihm steht ein Unantastbares, das sich, wenn das Gesetz gebrochen wird, im Gewissen zur Geltung bringt. Die soziale Ordnung ist mehr als nur Gewähr für reibungsloses Zusammenleben; hinter ihr steht etwas, das ihre Verletzung in irgendeinem Sinn zum Frevel macht. Dieses religiöse Element bewirkt, daß die verschiedenen, für das menschliche Dasein nötigen Verhaltungsweisen auch ohne äußeren Druck, »von selber« verwirklicht werden; daß seine verschiedenen Elemente aufeinander bezogen bleiben und eine Einheit bilden. Die bloße weltliche Welt gibt es nicht; soweit es aber einem hartnäckigen Wollen gelingt, etwas Derartiges herzustellen, funktioniert es nicht. Es ist ein Artefakt ohne Sinnmächtigkeit. Die Lebensvernunft, welche unter der rationalistischen Vernunft liegt, wird von ihm nicht überzeugt. Das Herz hat nicht mehr das Gefühl, daß eine solche Welt »lohnt«.

Ohne das religiöse Element wird das Leben wie ein Motor, der kein Öl mehr hat. Es läuft sich heiß. Alle Augenblicke verbrennt etwas. Überall sperren sich Teile, die genau ineinander greifen müßten. Mitte und Bindung gehen verloren. Das Dasein desorganisiert sich – und dann tritt jener Kurzschluß ein, der sich seit dreißig Jahren in immer steigendem Maße vollzieht: es wird Gewalt geübt. Durch sie sucht sich die Ratlosigkeit einen Ausweg. Wenn die Menschen sich nicht mehr vom Innern her gebunden fühlen, werden sie äußerlich organisiert; und damit die Organisation arbeitet, setzt der Staat seinen Zwang dahinter. Kann aber auf die Dauer aus Zwang existiert werden?

Wir haben gesehen, daß sich vom Beginn der Neuzeit an eine nicht-christliche Kultur herausarbeitet. Die Negation richtet sich lange Zeit hindurch nur auf den Offenbarungsgehalt selbst; nicht auf die ethischen, sei es individuellen, sei es sozialen Werte, die sich unter seinem Einfluß entwickelt haben. Im Gegenteil, die neuzeitliche Kultur behauptet, gerade auf diesen Werten zu ruhen. Dieser weithin von der Geschichtsbetrachtung angenommenen Ansicht nach sind z. B. die Werte der Personalität, der individuellen Freiheit, Verantwortung und Würde, der gegenseitigen Achtung und Hilfsbereitschaft im Menschen angelegte Möglichkeiten, welche von der Neuzeit entdeckt und entwickelt worden sind. Wohl habe die Menschenbildung der christlichen Frühzeit ihr Keimen gefördert, ebenso wie die religiöse Pflege des Innenlebens und der Liebestätigkeit während des Mittelalters sie weiter entwickelt habe. Dann aber sei die personale Autonomie ins Bewußtsein getreten und zu einer vom Christentum unabhängigen, natürlichen Errungenschaft geworden. Diese Ansicht findet vielfachen Ausdruck; einen besonders repräsentativen in den Menschenrechten der französischen Revolution.
In Wahrheit sind diese Werte und Haltungen an die Offenbarung gebunden. Letztere steht nämlich zum Unmittelbar-Menschlichen in einem eigentümlichen Verhältnis. Sie kommt aus der Gnadenfreiheit Gottes, zieht aber das Menschliche in ihren Zusammenhang, und es entsteht die

christliche Lebensordnung. Dadurch werden im Menschen Kräfte frei, die an sich »natürlich« sind, sich aber außerhalb jenes Zusammenhanges nicht entwickeln würden. Werte treten ins Bewußtsein, die an sich evident sind, aber nur unter jener Überwölbung sichtbar werden. Die Meinung, diese Werte und Haltungen gehörten einfachhin der sich entwickelnden Menschennatur an, verkennt also den wirklichen Sinnverhalt; ja sie führt – man muß es geradeheraus sagen dürfen – zu einer Unredlichkeit, die denn auch für den genauer Blickenden zum Bilde der Neuzeit gehört.
Die Personalität ist dem Menschen wesentlich; sie wird aber dem Blick erst deutlich und dem sittlichen Willen bejahbar, wenn sich durch die Offenbarung in Gotteskindschaft und Vorsehung das Verhältnis zum lebendig-personalen Gott erschließt. Geschieht das nicht, dann gibt es wohl ein Bewußtsein vom wohlgeratenen, vornehmen, schöpferischen Individuum, nicht aber von der eigentlichen Person, die eine absolute Bestimmung jedes Menschen jenseits aller psychologischen oder kulturellen Qualitäten ist. So bleibt das Wissen um die Person mit dem christlichen Glauben verbunden. Ihre Bejahung und ihre Pflege überdauern wohl eine Weile das Erlöschen dieses Glaubens, gehen aber dann allmählich verloren.
Entsprechendes gilt von den Werten, in denen sich das Personbewußtsein entfaltet. So z. B. von jener Ehrfurcht, die sich nicht auf besondere Begabung oder soziale Stellung, sondern auf die Tatsache der Person als solche richtet: auf ihre qualitative Einzigkeit, Unvertretbarkeit und Unverdrängbarkeit in jedem Menschen, er sei im übrigen geartet und gemessen wie immer... Oder von jener Freiheit, welche nicht die Möglichkeit bedeutet, sich zu entwickeln und auszuleben, und daher dem seinsmäßig oder sozial Bevorzugten vorbehalten ist, sondern die Fähigkeit jedes Menschen, sich zu entscheiden, und darin seine Tat und in der Tat sich selbst zu besitzen... Oder von jener Liebe zum anderen Menschen, welche nicht Mitgefühl, Hilfsbereitschaft, soziale Verpflich-

tung oder was immer, sondern die Fähigkeit bedeutet, im Anderen das »Du« zu bejahen und darin »Ich« zu sein. Das alles bleibt nur so lange wach, als das Wissen um die Person lebendig bleibt. Sobald dieses aber mit dem Glauben an die christliche Gottesbeziehung verblaßt, verschwinden auch jene Werte und Haltungen.

Daß dieses Verhältnis nicht anerkannt wurde; daß die Neuzeit Personalität und personale Wertwelt für sich in Anspruch genommen, aber deren Garanten, die christliche Offenbarung, weggetan hat, hat jene innere Unredlichkeit erzeugt, von welcher die Rede war. Der Zusammenhang hat sich denn auch allmählich enthüllt. Die deutsche Klassik wird von Werten und Haltungen getragen, welche sich bereits in der Schwebe befinden. Ihre edle Menschlichkeit ist schön, aber ohne die letzte Wahrheitswurzel, denn sie lehnt die Offenbarung ab, von deren Wirkung sie überall zehrt. So beginnt denn auch ihre menschliche Haltung schon in der nächsten Generation zu verblassen. Und nicht, weil diese weniger hoch stünde, sondern weil dem durchbrechenden Positivismus gegenüber die von ihren Wurzeln gelöste Persönlichkeitskultur sich als ohnmächtig erweist.

Der Vorgang hat sich weiter fortgesetzt; und wenn dann plötzlich das aller neuzeitlichen Kulturtradition so schroff widersprechende Wertbild der letzten beiden Jahrzehnte hervorbrach, so waren Plötzlichkeit wie Widerspruch nur scheinbar: in Wahrheit hat sich da eine Leere kundgetan, die schon lange vorher bestanden hatte. Die echte Personalität mitsamt ihrer Welt von Werten und Haltungen war mit der Absage an die Offenbarung aus dem Bewußtsein verschwunden.

Die kommende Zeit wird in diesen Dingen eine furchtbare, aber heilende Klarheit schaffen. Kein Christ kann sich freuen, wenn die radikale Unchristlichkeit hervortritt. Denn die Offenbarung ist ja kein subjektives Erlebnis, sondern die Wahrheit einfachhin, kundgetan durch Den, der auch die Welt geschaffen hat; und jede Stunde der Geschichte, welche die Möglichkeit des Einflusses dieser Wahrheit ausschließt, ist im Innersten bedroht. Aber es ist gut, daß jene Unredlichkeit enthüllt werde. Dann wird sich zeigen, wie das in Wirklichkeit aussieht, wenn der Mensch sich von der Offenbarung gelöst hat, und die Nutznießungen aufhören.

Immer noch bleibt aber die Frage zu beantworten, von welcher Art die Religiosität der kommenden Zeit sein werde? Nicht ihr offenbarter Inhalt, der ist ewig; aber seine geschichtliche Verwirklichungsform, seine menschliche Struktur? Hier wäre manches zu sagen und zu vermuten. Wir müssen uns aber beschränken.

Wichtig wird vor allem sein, worauf zuletzt hingewiesen wurde: das scharfe Hervortreten der nicht-christlichen Existenz. Je entschiedener der Nicht-Glaubende seine Absage an die Offenbarung vollzieht und je konsequenter er sie praktisch durchführt, desto deutlicher wird daran, was das Christliche ist. Der Nicht-Glaubende muß aus dem Nebel der Säkularisation heraus. Er muß das Nutznießertum aufgeben, welches die Offenbarung verneint, sich aber die von ihr entwickelten Werte und Kräfte angeeignet hat. Er muß das Dasein ohne Christus und ohne den durch Ihn offenbarten Gott ehrlich vollziehen und erfahren, was das heißt. Schon Nietzsche hat gewarnt, der neuzeitliche Nicht-Christ habe noch gar nicht erkannt, was es in Wahrheit bedeute, ein solcher zu sein. Die vergangenen Jahrzehnte haben eine Ahnung davon vermittelt und sie waren erst der Anfang.

Ein neues Heidentum wird sich entwickeln, aber von anderer Art als das erste. Auch hier besteht eine Unklarheit, die sich unter anderem im Verhältnis zur Antike zeigt. Der heutige Nicht-Christ ist vielfach der Meinung, er könne das Christentum ausstreichen und von der Antike aus einen neuen religiösen Weg suchen. Darin irrt er aber. Man kann die Geschichte nicht zurückdrehen. Als Form des Existierens ist die Antike endgültig vorbei. Wenn der heutige Mensch Heide wird, wird er es in einem ganz anderen Sinne, als der Mensch vor Christus es war. Dessen religiöse Haltung hatte, bei aller

Größe des Lebens wie des Werkes, etwas Jugendlich-Naives. Er stand noch vor jener Entscheidung, die sich an Christus vollzieht. Durch diese – sie mag ausfallen, wie sie will – tritt der Mensch auf eine andere existentielle Ebene; Sören Kierkegaard hat das ein für allemal klargestellt. Sein Dasein gewinnt einen Ernst, den die Antike nicht gekannt hat, weil sie ihn nicht kennen konnte. Er stammt nicht aus einer eigenmenschlichen Reife, sondern aus dem Anruf, den die Person durch Christus von Gott her erfährt: sie schlägt die Augen auf und ist nun wach, ob sie will oder nicht. Er stammt aus dem jahrhundertelangen Mitvollzug der Christus-Existenz; aus dem Miterleben jener furchtbaren Klarheit, mit welcher Er »gewußt hat, was im Menschen ist« und jenes übermenschlichen Mutes, womit Er das Dasein durchgestanden hat. Daher der seltsame Eindruck von Unerwachsensein, der einen so oft angesichts antichristlicher Antike-Gläubigkeit überkommt.
Von der Erneuerung des nordischen Mythos gilt das gleiche. Sofern sie nicht, wie im Nationalsozialismus, nur Tarnung reiner Machtziele war, ist sie ebenso wesenlos wie jene des antiken Mythos. Auch das nordische Heidentum stand noch vor jener Entscheidung, die es zwang, aus dem geborgenen und zugleich gebannten Leben des unmittelbaren Daseins mit seinen Rhythmen und Bildern in den Ernst der Person zu treten – wie immer auch die Entscheidung ausfallen mochte.
Abermals das gleiche ist von all den Versuchen zu sagen, durch Säkularisierung christlicher Gedanken und Haltungen einen neuen Mythos hervorzubringen, wie das etwa in der Dichtung des späten Rilke geschieht[12]. Was aber darin ursprünglich ist, nämlich der Wille, die Jenseitigkeit der Offenbarung abzustreifen und das Dasein rein auf die Erde zu begründen, zeigt seine Ohnmacht schon an der Unfähigkeit, sich in das neu Anbrechende hineinzustellen. Die Versuche,

---

[12] Siehe dazu mein Buch: »Rainer Maria Rilkes Deutung des Daseins«, München ¹1953.

welche etwa die »Sonette an Orpheus« nach dieser Richtung machen, sind von einer rührenden und, bei dem Anspruch der »Elegien«, befremdenden Hilflosigkeit.
Was endlich Anschauungen, wie die des französischen Existentialismus betrifft, so ist deren Verneinung des Daseinssinnes derart gewaltsam, daß man sich fragt, ob sie nicht eine besonders verzweifelte Art von Romantik bilden, welche durch die Erschütterungen der letzten Jahrzehnte möglich geworden sei.
Ein Versuch, das Dasein nicht nur in Widerspruch zur christlichen Offenbarung zu bringen, sondern es auf eine von ihr wirklich unabhängige, welt-eigene Grundlage zu stellen, müßte einen ganz anderen Realismus haben. Es bleibt abzuwarten, wie weit der Osten ihn aufbringt, und was dabei aus dem Menschen wird.

Der christliche Glaube selbst aber wird eine neue Entschiedenheit gewinnen müssen. Auch er muß aus den Säkularisationen, den Ähnlichkeiten, Halbheiten und Vermengungen heraus. Und hier ist, scheint mir, ein starkes Vertrauen erlaubt.
Es ist dem Christen immer eigentümlich schwer gefallen, sich mit der Neuzeit abzufinden. Damit wird ein Problem angeschnitten, das einer genaueren Erörtertung bedürfte. Es ist nicht gemeint, das Mittelalter sei als geschichtliche Epoche einfachhin christlich, die Neuzeit hingegen unchristlich gewesen. Das wäre jene Romantik, die schon so viel Verwirrung angerichtet hat. Das Mittelalter wurde von einer Struktur des Denkens, Empfindens und Handelns getragen, die zunächst und als solche der Glaubensentscheidung gegenüber – soweit man dergleichen sagen kann – neutral war. Für die Neuzeit gilt das Nämliche. In ihr trat der abendländische Mensch in die Haltung individueller Selbständigkeit ein, womit über den sittlich-religiösen Gebrauch, den er von dieser Selbständigkeit machte, noch nichts gesagt ist. Christ zu sein ruht auf einer Stellungnahme zur Offenbarung, die in

jedem Abschnitt der geschichtlichen Entwicklung vollzogen werden kann. Mit Bezug auf sie ist die Offenbarung jeder Epoche gleich nah und gleich fern. So hat es denn auch im Mittelalter Unglauben in allen Graden der Entschiedenheit gegeben – ebenso wie es in der Neuzeit eine vollwertige christliche Gläubigkeit gegeben hat. Diese hatte aber einen anderen Charakter als jene des Mittelalters. Dem Christen der Neuzeit war aufgegeben, seinen Glauben aus den geschichtlichen Voraussetzungen der individuellen Selbständigkeit heraus zu verwirklichen, und er hat das oft in einer Weise getan, welche der mittelalterlichen durchaus ebenbürtig war. Dabei begegnete er aber Hindernissen, die es ihm schwer machten, seine Zeit so einfach hinzunehmen, wie die voraufgehende Epoche es gekonnt hatte. Die Erinnerung an ihre Auflehnung gegen Gott war zu lebendig; die Art, wie sie alle Bereiche des kulturellen Schaffens in Widerspruch zum Glauben gebracht, und diesen selbst in eine Situation der Minderwertigkeit gedrängt hatte, war zu fragwürdig. Außerdem gab es das, was wir die neuzeitliche Unredlichkeit genannt haben: jenes Doppelspiel, welches auf der einen Seite die christliche Lehre und Lebensordnung ablehnte, auf der anderen aber deren menschlich-kulturelle Wirkungen für sich in Anspruch nahm. Das machte den Christen in seinem Verhältnis zur Neuzeit unsicher. Überall fand er in ihr Ideen und Werte, deren christliche Herkunft deutlich war, die aber für allgemeines Eigentum erklärt wurden. Überall stieß er auf Christlich-Eigenes, das aber gegen ihn gekehrt wurde. Wie hätte er da vertrauen sollen? Diese Undurchsichtigkeiten werden aufhören[13]. Wo die kommende Zeit sich gegen das

---

[13] Nach der gleichen Richtung wird auch das wirken, was über das Nachlassen der unmittelbaren religiösen Kräfte, der Fähigkeit religiöser Erfahrung und Gestaltung gesagt worden ist. Die religiöse Fülle hilft glauben; sie kann aber auch den Inhalt dieses Glaubens verschleiern und verweltlichen. Nimmt sie ab, dann wird der Glaube karger, dafür aber reiner und kräftiger. Er bekommt einen offeneren Blick für das, was wirklich ist, und der Schwerpunkt rückt tiefer in das Personale: in Entscheidung, Treue und Überwindung.

Christentum stellt, wird sie damit ernst machen. Sie wird die säkularisierten Christlichkeiten für Sentimentalitäten erklären, und die Luft wird klarer werden. Voll Feindschaft und Gefahr, aber sauber und offen.

Was oben über die Situation der Gefahr gesagt worden ist, gilt auch für die christliche Haltung. Sie wird in besonderer Weise den Charakter des Vertrauens und der Tapferkeit tragen müssen.

Man hat dem Christentum oft vorgeworfen, in ihm berge sich der Mensch vor der Ausgesetztheit der modernen Situation. Daran war manches richtig – und nicht nur deshalb, weil das Dogma in seiner Objektivität eine feste Ordnung des Denkens und Lebens schafft, sondern auch, weil in der Kirche noch eine Fülle kultureller Traditionen lebt, die sonst weggestorben sind. Der Vorwurf wird in der kommenden Zeit immer weniger Anlaß haben.

Der Kulturbesitz der Kirche wird sich dem allgemeinen Zerfall des Überlieferten nicht entziehen können, und wo er noch fortdauert, wird er von vielen Problemen erschüttert sein. Was aber das Dogma angeht, so liegt es zwar in seinem Wesen, jede Zeitwende zu überdauern, da es ja im Überzeitlichen begründet ist; doch darf man vermuten, an ihm werde der Charakter der Lebensweisung besonders deutlich empfunden werden. Je genauer das Christentum sich wieder als das Nicht-Selbstverständliche bezeugt; je schärfer es sich von einer herrschenden nicht-christlichen Anschauung unterscheiden muß, desto stärker wird im Dogma neben dem theoretischen das praktisch-existentielle Moment hervortreten. Ich brauche wohl nicht zu sagen, daß damit keine »Modernisierung« gemeint ist; keinerlei Abschwächung weder des Inhalts noch der Geltung. Im Gegenteil, der Charakter der Absolutheit, die Unbedingtheit der Aussage wie der Forderung werden sich schärfer betonen. Aber in dieser Absolutheit wird, vermute ich, die Definition der Existenz und die Orientierung des Verhaltens besonders fühlbar werden.

So wird der Glaube fähig, in der Gefahr zu bestehen. Im Verhältnis zu Gott wird das Element des Gehorsams stark hervortreten. Reiner Gehorsam, wissend, daß es um jenes Letzte geht, das nur durch ihn verwirklicht werden kann. Nicht, weil der Mensch »heteronom« wäre, sondern weil Gott heilig-absolut ist. Eine ganz unliberale Haltung also, mit Unbedingtheit auf das Unbedingte gerichtet, aber – und hier zeigt sich der Unterschied gegen alles Gewaltwesen – in Freiheit. Diese Unbedingtheit ist keine Preisgabe an die physische und psychische Macht des Befehls; sondern der Mensch nimmt durch sie die Qualität der Gottesforderungen in seinen Akt auf. Das aber setzt Mündigkeit des Urteils und Freiheit der Entscheidung voraus.

Und ein nur hier mögliches Vertrauen. Nicht auf eine allgemeine Vernunftordnung, oder auf ein optimistisches Prinzip des Wohlmeinens, sondern auf Gott, der wirklich und wirkend ist; nein, mehr, der am Werk ist und handelt. Wenn ich recht sehe, gewinnt das Alte Testament eine besondere Bedeutung. Es zeigt den Lebendigen Gott, der den mythischen Weltbann ebenso durchbricht wie die heidnisch-politischen Weltmächte, und den glaubenden Menschen, der, im Einvernehmen des Bundes, sich auf dieses Handeln Gottes bezieht. Das wird wichtig werden. Je stärker die Es-Mächte anwachsen, desto entschiedener besteht die »Weltüberwindung« des Glaubens in der Realisation der Freiheit; im Einvernehmen der geschenkten Freiheit des Menschen mit der schöpferischen Freiheit Gottes. Und im Vertrauen auf das, was Gott tut. Nicht nur wirkt, sondern tut. Es ist seltsam, welche Ahnung heiliger Möglichkeit mitten im Anwachsen des Welt-Zwanges aufsteigt!

Diese Beziehung von Absolutheit und Personalität, von Unbedingtheit und Freiheit wird den Glaubenden fähig machen, im Ortlosen und Ungeschützten zu stehen und Richtung zu wissen. Sie wird ihn fähig machen, in ein unmittelbares Verhältnis zu Gott zu treten, quer durch alle Situationen des Zwanges und der Gefahr hindurch; und in der wachsenden Einsamkeit der kommenden Welt – einer Einsamkeit gerade unter den Massen und in den Organisationen – lebendige Person zu bleiben.

Wenn wir die eschatologischen Texte der Heiligen Schrift richtig verstehen, werden Vertrauen und Tapferkeit überhaupt den Charakter der Endzeit bilden. Was umgebende christliche Kultur und bestätigende Tradition heißt, wird an Kraft verlieren. Das wird zu jener Gefahr des Ärgernisses gehören, von welcher gesagt ist, daß ihr, »wenn es möglich wäre, auch die Auserwählten erliegen würden« (Mt 24,24). Die Einsamkeit im Glauben wird furchtbar sein. Die Liebe wird aus der allgemeinen Welthaltung verschwinden (Mt 24,12). Sie wird nicht mehr verstanden noch gekonnt sein. Um so kostbarer wird sie werden, wenn sie vom Einsamen zum Einsamen geht; Tapferkeit des Herzens aus der Unmittelbarkeit zur Liebe Gottes, wie sie in Christus kund geworden ist. Vielleicht wird man diese Liebe ganz neu erfahren: die Souveränität ihrer Ursprünglichkeit, ihre Unabhängigkeit von der Welt, das Geheimnis ihres letzten Warum. Vielleicht wird die Liebe eine Innigkeit des Einvernehmens gewinnen, die noch nicht war. Etwas von dem, was in den Schlüsselworten für das Verständnis der Vorsehungsbotschaft Jesu liegt: daß um den Menschen, der Gottes Willen über Sein Reich zu seiner ersten Sorge macht, die Dinge sich wandeln (Mt 6,33).
Dieser eschatologische Charakter wird sich, scheint mir, in der kommenden religiösen Haltung anzeigen. Damit soll keine wohlfeile Apokalyptik verkündet werden. Niemand hat das Recht zu sagen, das Ende komme, wenn Christus selbst erklärt hat, die Dinge des Endes wisse der Vater allein (Mt 24,36). Wird also hier von einer Nähe des Endes gesprochen, dann ist das nicht zeithaft, sondern wesensmäßig gemeint: daß unsere Existenz in die Nähe der absoluten Entscheidung und ihrer Konsequenzen gelangt; der höchsten Möglichkeiten wie der äußersten Gefahren.

Die Macht
Versuch einer Wegweisung

Meinem Bruder Aleardo zugeeignet

Vorbemerkung

Jede geschichtliche Epoche vollzieht sich auf der ganzen Breite des menschlichen Lebens; sie kann daher auch von jedem Bereich dieses Lebens her bestimmt werden. Trotzdem scheint im Gesamtverlauf der Geschichte bald das eine, bald das andere Element des Daseins besondere Bedeutung zu erlangen.
So kann man sagen, in der Antike sei es letztlich darum gegangen, das Bild des wohlgeschaffenen Menschen und des edlen Werkes zu finden, und das Ergebnis dieses Bemühens sei es, was wir mit dem Begriff des Klassischen meinen... Das Mittelalter erfährt in besonderer Weise die Beziehung zum überweltlichen Gott. Darin erwacht die Aufschwungkraft der jungen abendländischen Völker. Von der so gewonnenen Höhe über der Welt her sucht dann der Wille die Welt durchzuformen, und es entsteht jene eigentümliche Verbindung von Inbrunst des Herzens und architektonischer Präzision, welche für das mittelalterliche Daseinsbild charakteristisch ist... Die Neuzeit endlich greift aus einer bis dahin unbekannten Wirklichkeitsnähe des Verstandes und der Technik nach der Welt. Was das von ihr geschaffene Bild vom Dasein bestimmt, ist die Macht über die Natur. In immer rascherem Vordringen nimmt der Mensch forschend, planend und technisch gestaltend die Dinge in Besitz.
Die Neuzeit ist im Wesentlichen zu Ende gegangen. Natürlich laufen die von ihr ausgelösten Wirkungsketten weiter. Geschichtliche Epochen setzen sich nicht so von einander ab, wie die Abschnitte im Verlaufe eines wissenschaftlichen Versuchs; sondern während eine herrscht, bereitet sich schon die nächse vor, und die vorausgehende wirkt noch lange nach. Man findet heute noch im Süden Europas Elemente lebendiger Antike, und an vielen Stellen begegnet man starken

mittelalterlichen Strömungen. So zieht in der noch unbenannten Epoche, die wir überall durchdringen fühlen, die Neuzeit überall ihre letzten Konsequenzen, obwohl das, was das Wesen dieser Neuzeit ausmacht, nicht mehr den eigentlichen Charakter des beginnenden Geschichtsabschnittes bestimmt.

Die Macht des Menschen ist überall in unaufhaltsamem Steigen begriffen; ja man kann sagen, daß sie jetzt erst in ihr kritisches Stadium tritt. Dennoch richtet sich unser Zeitwille in seinem Wesentlichen nicht mehr auf den Machtzuwachs als solchen. Die Neuzeit hat jede Zunahme an wissensmäßigtechnischer Macht einfachhin als Gewinn empfunden; daß diese stieg, hat ihr ohne weiteres Fortschritt zu entschiedenerer Sinn-Erfüllung und höherem Wertreichtum des Daseins bedeutet. Die Sicherheit dieser Überzeugung ist erschüttert, und ebendas zeigt den Beginn der neuen Epoche an. Wir sind nicht mehr der Meinung, Zunahme an Macht sei einfachhin mit Wertsteigerung des Lebens gleichbedeutend. Die Macht ist uns fragwürdig geworden. Und nicht nur im Sinne einer Kulturkritik, wie sie sich dem Optimismus der Zeit gegenüber im ganzen 19. Jahrhundert und gegen dessen Ende immer stärker erhoben hat, sondern grundsätzlich: Im allgemeinen Bewußtsein dringt das Gefühl durch, daß unser Verhältnis zur Macht falsch ist; ja, daß unsere steigende Macht selbst uns bedroht. Diese Bedrohung hat in der Atombombe jenen Ausdruck gefunden, der die Allgemeinheit in ihrer Phantasie und ihrem Lebensgefühl erfaßt, zum Symbol für etwas überall Bedeutsames wird.

Für die kommende Epoche geht es im Letzten nicht mehr um die Steigerung der Macht – obwohl diese sich immer weiter und in immer raschemen Zeitmaß vollziehen wird –, sondern um deren Bändigung. Den Sinn-Mittelpunkt der Epoche wird die Aufgabe bilden, die Macht so einzuordnen, daß der Mensch in ihrem Gebrauch als Mensch bestehen könne. Er wird vor die Entscheidung kommen, als Mensch so stark zu werden, wie seine Macht groß ist als Macht – oder aber ihr zu

verfallen und zu Grunde zu gehen. Und daß man von einer solchen Entscheidung reden kann, ohne dadurch in den Anschein zu kommen, man baue Utopien, oder man moralisiere; daß man damit etwas ausspricht, was sich, mehr oder weniger klar, im Gefühl der Allgemeinheit meldet, zeigt ebenfalls die durchdringende neue Epoche an.
Durch das Gesagte ist angedeutet, nach welcher Richtung die Überlegungen dieser Schrift gehen sollen.
Sie knüpfen an jene an, die unter dem Titel »Das Ende der Neuzeit« (Würzburg [7]1956) erschienen sind. In manchem setzen sie das dort Gesagte voraus; in anderem führen sie es fort. So durchkreuzen die beiden Gedankenreihen einander beständig, und ich bitte, damit die Wiederholungen rechtfertigen zu dürfen, die sich notwendig ergeben müssen. Doch möchte ich auch betonen, daß die vorliegende Schrift ein in sich geschlossenes Ganzes bildet. Ferner sei hingewiesen auf meine beiden »Reden in der Zeit«: »Der unvollständige Mensch und die Macht« (Würzburg 1956) und »Die Kultur als Werk und Gefährdung« (Würzburg 1957), sowie auf die weiterführende Diskussion in dem Sammelband »Unsere geschichtliche Zukunft. Ein Gespräch über das Ende der Neuzeit« (Würzburg 1954).

Das Wesen der Macht

I

Versuchen wir zuerst, einen klaren Begriff von dem zu gewinnen, was »Macht« ist.

Kann man vor Kräften der unmittelbaren Natur von Macht reden? Kann man z. B. sagen, ein Sturm, oder eine Seuche, oder ein Löwe haben Macht?

Offenbar nicht, es sei denn in einem ungenauen, vergleichsweisen Sinne. Hier ist wohl Wirkfähiges, Wirkung Hervorbringendes; es fehlt aber, was wir unwillkürlich mitdenken, wenn wir von »Macht« sprechen, nämlich die Initiative. Das Naturding hat, bzw. ist »Energie«, nicht aber Macht. Energie wird erst dann zur Macht, wenn ein Bewußtsein sie erkennt, eine Entscheidungsfähigkeit über sie verfügt und sie auf bestimmte Ziele ausrichtet... Nur in einem bestimmten Sinne kann man auf Naturenergien das Wort anwenden – dann, wenn sie als »Mächte«, das heißt, als geheimnishafte Wesen empfunden werden, die eine irgendwie persönlich gedachte Initiative haben. Diese Vorstellung gehört aber nicht mehr zu unserem, sondern zum mythischen Weltbild, in welchem das Dasein aus wirkenden Wesenheiten besteht, die mit einander in Beziehung treten, kämpfen, sich verbinden. Sie haben religiösen Charakter; sind, mehr oder weniger klar als solche hervortretend, »Götter«... Verwandt damit, nur unklarer und des eigentlich Gemeinten nicht deutlich bewußt, ist der Gebrauch des Wortes, wenn von den Mächten des Herzens, des Gemütes, des Blutes usw. die Rede ist. Auch hier handelt es sich um ursprünglich mythische Vorstellungen von göttlichen oder dämonischen Initiativen, die sich, dem Willen des Menschen gegenüber unabhängig, in seiner inneren Welt erheben. Sie verkleiden sich dann in wissenschaftliche, künstlerische, soziologische Begriffe und treiben im geistigen Haushalt des modernen Menschen ein seltsam unüberwachtes und deshalb folgenreiches Wesen[1]. Anderseits: Hat eine Idee Macht? Eine sittliche Norm? Man sagt es oft, aber doch zu Unrecht. Eine Idee als solche, eine Norm als solche haben nicht Macht, sondern Gültigkeit. Sie stehen in ruhiger Objektivität. Ihr Sinn leuchtet, wirkt aber durch sich selbst noch nicht. Macht ist Fähigkeit, Realität zu bewegen; das vermag die Idee aus Eigenem nicht. Sie vermag es erst und wird damit zu Macht, wenn das konkrete Leben des Menschen sie aufnimmt, sie sich mit seinen Trieben und Gefühlen, den Tendenzen seines Wachstums und den Spannungen seiner inneren Zustände, den Absichten seines Handelns und den Aufgaben seines Schaffens verbindet.

Von Macht im eigentlichen Sinne dürfen wir also nur sprechen, wenn zwei Elemente gegeben sind: Einmal reale Energien, die an der Wirklichkeit der Dinge Veränderungen hervorbringen, ihre Zustände und wechselseitigen Beziehungen bestimmen können. Dazu aber ein Bewußtsein, das ihrer inne ist; ein Wille, der Ziele setzt; ein Vermögen, welches die Kräfte auf dieses Ziel hin in Bewegung bringt.

Das alles setzt den Geist voraus, jene Wirklichkeit im Menschen, die fähig ist, aus dem unmittelbaren Zusammenhang der Natur herauszutreten und in Freiheit über sie zu verfügen.

II

Zum Wesen der Macht als eines spezifisch menschlichen Phänomens gehört die Sinngebung.

Damit ist nicht nur gemeint, der Vorgang der Machtausü-

---

[1] Das wird besonders deutlich in der Tiefenpsychologie, in der manche Begriffe ganz alchemistisch anmuten.

bung sei sinnbestimmt; das ist die Naturwirkung auch. In ihr gibt es nichts, was keinen Sinn hätte. Einmal den elementarsten der Kausalität, wonach keine Wirkung ohne hinreichende Ursache eintritt; und der Finalität, wonach jedes Wirklichkeitselement in den Bezug von Teil und Ganzem eingeordnet ist. Dazu dann jenen der besonderen Gestalt- und Funktionsformen, wie sie in den physikalischen, chemischen, biologischen Zusammenhängen enthalten sind... Die Aussage meint aber mehr, nämlich daß die Initiative, welche Macht ausübt, ihr selbst den Sinn setzt.
Die Macht ist verfügbar. Sie steht nicht, wie die Energie der Natur, von vornherein in einem notwendigen Wirkungszusammenhang, sondern wird erst durch den Handelnden in einen solchen eingefügt. Die Energiewirkungen der Sonne zum Beispiel setzen sich in der Pflanze mit Notwendigkeit in bestimmte biologische Wirkungen um: Wachstum, Farbe, Stoffwechsel, Bewegung usw. Die Kräfte hingegen, aus deren Verwendung ein Werkzeug hervorgeht, müssen vom Handwerker daraufhin gelenkt werden. Sie sind ihm zur Verfügung, und er bestimmt sie – erkennend, planend, formend – auf den gesetzten Zweck hin.

Das bedeutet weiter, daß die als Natur gegebenen Energien mit Bezug auf den sie verwendenden Geist etwas Beliebiges an sich haben. Er kann sie zu dem Zweck gebrauchen, den er setzt – dabei steht es ganz dahin, ob dieser Zweck bauend oder zerstörend, edel oder niedrig, gut oder böse ist.

Es gibt also keine von vornherein sinn- und wertvolle Macht. Sie empfängt ihre Bestimmung erst dadurch, daß der Mensch ihrer inne wird, über sie entscheidet, sie in Tat umsetzt – was alles heißt, daß er sie verantworten muß.
Es gibt keine nicht-verantwortete Macht. Es gibt die unverantwortete Naturenergie – richtiger gesagt, die nicht im Bereich der Verantwortung, sondern in dem der Naturnotwendigkeit wirksame Energie; nicht gibt es die unverantwor-

tete Menschenmacht². Deren Wirkung ist immer Tat – oder wenigstens Zulassung – und steht als solche in der Verantwortung einer menschlichen Instanz, einer Person. Das ist auch dann so, wenn der Mensch, der sie ausübt, diese Verantwortung nicht will.

Ja das ist selbst dann noch der Fall, wenn die menschlichen Dinge derart ungeordnet oder falsch geordnet sind, daß kein Verantwortender mehr genannt werden kann. Sobald letzteres geschieht; sobald auf die Frage: wer hat das getan? weder ein »Ich« noch ein »Wir«, weder eine Person noch eine Personengemeinschaft mehr antwortet, scheint die Machtausübung zur Naturwirkung zu werden. Man hat den Eindruck, als geschehe das immer häufiger, denn im Gang der geschichtlichen Entwicklung wird die Machtübung immer anonymer. Die fortschreitende Verstaatlichung der sozialen, wirtschaftlichen, technischen Vorgänge – ebenso wie die materialistischen Theorien von der Geschichte als einem notwendigen Prozeß – bedeuten unter unserem Gesichtspunkt den Versuch, den Charakter des Verantwortetseins aufzuheben, die Macht von der Person abzulösen und ihre Ausübung naturhaft zu machen³. In Wahrheit wird dadurch der wesenhafte Charakter der Macht als personal verantworteter Energie nicht aufgehoben, sondern nur verdorben. Der

---

² Hinsichtlich der ersteren ist in der Neuzeit eine eigentümliche Unklarheit entstanden – bzw. eine Unklarheit wieder entstanden, die es im griechischen, besonders im hellenistischen Denken gab, und die vom christlichen überwunden worden war. Immer wieder hört man Sätze wie: »die Natur hat das so eingerichtet«; »das widerspricht dem Willen der Natur« usw. Solche Sätze sind unsinnig. Die Natur »will« überhaupt nichts. Von ihr kann man nur sagen: Innerhalb des Naturzusammenhangs, um den es sich handelt, muß das so oder so sein. Alles andere ist Lyrik oder ortlos gewordene Mythik. In Wahrheit hat die Aussage: »die Natur tut das und das« eine andere verdrängt, nämlich: »Gott, der die Natur geschaffen, hat an dieser Stelle das und das gewollt«. Aufs Letzte gesehen, ist also auch die Naturenergie verantwortet, und zwar, in schöpferischer Weise, durch Gott.

³ Dem scheint ein Moment zu widersprechen, das sich ebenfalls in dieser Entwicklung zeigt: die Diktatur. Im Maße die echte Verantwortung verschwimmt, zeigt sich die Neigung, die Aufgabe des Handelns durch

Zustand wird zur Schuld und wirkt sich als Zerstörung aus[4]. Die Macht ist aus sich weder gut noch böse, sondern empfängt ihren Sinn erst aus der Entscheidung dessen, der sie braucht. Ja sie ist aus sich nicht einmal bauend oder zerstörend, sondern nur Möglichkeit zu alledem, da sie ja wesentlich durch die Freiheit regiert wird. Wenn diese sie nicht bestimmt, das heißt, der Mensch nicht etwas will, dann geschieht überhaupt nichts, bzw. es entsteht ein Gemisch aus Gewohnheiten, zusammenhanglosen Impulsen, zufälligem Getriebensein, das heißt ein Chaos.

So bedeutet Macht ebensoviel Möglichkeit zum Guten und Positiven, wie Gefahr zum Bösen und Zerstörenden. Diese Gefahr wächst mit ihrem Maß; das ist die Tatsache, welche uns Heutigen, zum Teil mit schreckhafter Plötzlichkeit, ins Bewußtsein getreten ist. Näherhin kann die Gefahr daher

autoritäre, richtiger gesagt, arbiträre Entscheidungen zu lösen. Prüft man aber genauer, dann sieht man, daß deren Träger in keiner echten Verantwortung stehen, sondern sich jeweils nach anderen Stellen richten, welche ihnen befehlen und sie überwachen. Die oberste Instanz aber weiß sich, trotz aller Selbständigkeit des Handelns, als Vollstreckerin eines Ganzheitswillens. Gelingt das Vollstreckungsverhältnis nicht mehr, dann wird der Diktator ebenso weggetan, wie er die untergeordneten Instanzen wegtut, sobald sie eigene Initiative zeigen. Das heißt aber, daß der Diktator weiter nichts ist, als das konstruktive Gegenmoment des Kollektivs. Beide zusammen löschen die Person aus und bilden den anonymen Träger der Macht.

[4] Auch Nietzsche hat durch seinen Begriff der »Unschuld des Schaffens« den Machtgebrauch aus dem Bereich der Verantwortung – welche ja immer sittliche Verantwortung ist – herauszunehmen und zu einem Naturvorgang höheren Grades zu machen versucht, gegenüber dessen ungebrochener Kraft das Bewußtsein von der sittlichen Verpflichtung angeblich als Krankheit erscheint. Die Verschiebung geschieht bei ihm in feinerer Weise als beim Kollektivismus. Sie hält zunächst die Initiative des Einzelnen aufrecht. Dieser steht aber »jenseits von Gut und Böse«; ist reine, aus sich selbst hervorgehende Schöpferkraft. Damit wird er als Einzelner zu einer »Natur«, in welcher die Energien der Erde, der Welt, des Alls wirken. In Wahrheit ist er unaufhebbar Person und steht als solche von Wesen in der sittlichen Verpflichtung. So ist die angeblich erreichte Naturhaftigkeit nur Schein – und Desertion.

kommen, daß ein sittlich verpflichteter Wille über sie verfügt. Oder aber, daß hinter ihr überhaupt kein ansprechbarer Wille, keine antwortende Person mehr steht, sondern nur eine anonyme Organisation, in welcher jeder durch benachbarte Instanzen geleitet, überwacht und dadurch – scheinbar – der Verantwortung enthoben ist. Diese Form der Machtgefahr wird besonders dringlich, wenn, wie das heute weithin der Fall ist, das Gefühl für die Person, für ihre Würde und Verantwortung, für die personalen Werte der Freiheit, der Ehre, der Ursprünglichkeit des Handelns und Existierens zusehends schwächer wird.

Dann nimmt die Macht einen Charakter an, der letztlich nur von der Offenbarung her charakterisiert werden kann: sie wird dämonisch. Sobald das Handeln nicht mehr vom Bewußtsein der Person getragen, noch im sittlichen Sinne verantwortet wird, entsteht im Handelnden ein eigentümlicher leerer Raum. Er hat nicht mehr das Gefühl, daß er es ist, der da handelt; daß die Handlung in ihm beginnt, und er daher für sie einzustehen hat. Er als Subjekt scheint auszufallen, und die Handlung durch ihn hindurchzugehen. Er fühlt sich nur als ein Element in einem Zusammenhang. Mit den Anderen verhält es sich aber ebenso; daher kann er sich auch nicht auf eine echte Autorität berufen, denn diese setzt die Person voraus, welche mit ihrer Befugnis unmittelbar zu Gott steht und sich vor Ihm verantwortet. Es breitet sich vielmehr das Bewußtsein aus, im Grunde sei es überhaupt kein Jemand, der da handelt, sondern eine nirgends faßbare, niemandem sich stellende, auf keine Frage antwortende, das Geschehen ver-antwortende Unbestimmtheit. Deren Verhalten wird als zwangsläufig empfunden; so gibt der Einzelne sich hinein. Sie wird als unfaßlich empfunden; so erscheint sie als Geheimnis und zieht in verdorbener Form jene Empfindungen an sich, welche der Mensch vor dem Schicksal bzw. vor Gott haben soll[5].

---

[5] Vgl. Kafkas Romane »Der Prozeß« und »Das Schloß«.

Diese Leere, die dort entsteht, wo die Person – zwar nicht verschwindet, denn sie kann ebensowenig vom Menschen abgeworfen, wie sie ihm abgenommen werden kann – aber übersehen, verleugnet, vergewaltigt wird, bleibt nun nicht; denn das würde bedeuten, daß der Mensch in irgend einer Weise zum Naturwesen, und seine Macht zur Naturenergie würden. Das ist nicht möglich; so bildet sie in Wahrheit nur eine zur Haltung gewordene Untreue, und in den herrenlosen Zustand dringt eine andere Initiative, nämlich die dämonische ein. Das 19. Jahrhundert hat in der Sicherheit seines Fortschrittglaubens die Gestalt des Dämons, sagen wir redlicher und genauer, Satans, verlacht; der Sehfähige lacht nicht. Er weiß, daß jener ist, und am Werk ist. Freilich stellt sich auch unsere Zeit seiner Wahrheit nicht. Wenn sie, wie das so oft geschieht, vom »Dämonischen« spricht, dann fehlt diesem Sprechen der Ernst. Meistens ist es Gerede; wo es aber echt ist, drückt es entweder nur eine unbestimmte Angst aus oder es meint etwas Psychologisches bzw. Symbolisches. Wenn Religionswissenschaft und Tiefenpsychologie, Drama, Film und Feuilleton vom Dämonischen sprechen, drücken sie nur das Gefühl aus, es gebe im Dasein ein Element der Unstimmigkeit, des Widerspruchs, der Tücke, eine letzte Unverstehbarkeit und Unheimlichkeit, das in bestimmten individuellen und geschichtlichen Situationen besonders stark hervordrängt, und auf das eine besondere Angst antwortet. Worum es sich aber in Wahrheit handelt, ist nicht »das Dämonische«, sondern Satan; und wer Satan ist, sagt in zuständiger Weise nur die Offenbarung.

III

Zur Bestimmung der Macht gehört endlich noch ein letztes Moment: ihr universeller Charakter. Daß der Mensch Macht hat und in ihrer Ausübung eine besondere Befriedigung erfährt, bildet keinen Sonderbereich des Daseins, sondern ist mit jeder seiner Tätigkeiten und Zuständlichkeiten verbunden – kann sich wenigstens mit ihnen verbinden; auch mit solchen, die zum Machtcharakter zunächst keine Beziehung zu haben scheinen.

Es liegt auf der Hand, daß jeder Akt des Handelns und des Schaffens, des Besitzens und Genießens unmittelbar das Bewußtsein erzeugt, Macht zu haben... Das Gleiche geschieht durch alle Akte der Vitalität. Jede Tätigkeit, in welcher die unmittelbare Lebendigkeit sich auswirkt, ist Machtausübung und wird als solche erfahren... Entsprechendes ist aber auch von der Erkenntnis zu sagen. An sich bedeutet sie das schauende und verstehende Durchdringen dessen, was ist; ebendarin erfährt aber der Erkennende die Kraft, die das leistet. Er fühlt, wie er »der Wahrheit inne wird«; das setzt sich aber auch in das Gefühl um, »der Wahrheit mächtig« zu sein. Dazu gehört vor allem der Stolz des Erkennenden, der um so höher wachsen kann, je weiter der erkannte Gegenstand von aller unmittelbaren Praxis entfernt scheint, siehe Nietzsches Wort vom »Stolz der Philosophen«. Der Gehorsam gegen die Wahrheit schlägt hier in einen Affekt der Herrschaft über sie, in eine Art spiritueller Gesetzgebung um. Das Machtbewußtsein der Erkenntnis findet aber auch einen unmittelbar wirksamen Ausdruck, nämlich dort, wo sie in Magie übergeht. Mythen wie Märchen kennen das Wissen, welches Macht gibt. Wer den Namen einer Sache oder eines Menschen weiß, hat Macht darüber, siehe alles das, was Zauber, Beschwörung, Fluch heißt. In einem tiefer dringenden Sinn bedeutet Machtwissen das Wissen um das Wesen der Welt, um das Geheimnis des Schicksals, um den Gang der menschlichen und göttlichen

Dinge. Es ist jenes Wissen, durch welches die in der Regierung befindlichen Götter Herren der Welt sind; das im Versuchungsbericht der Genesis Satan den Worten Gottes unterschiebt, um den echten Sinn der Erkenntnis von Gut und Böse zu verwirren. In den Märchen ist es ein bestimmtes Wort, das den Drachen bezwingt, den versunkenen Schatz hebt, den verzauberten Menschen befreit, und so fort.

Das Gefühl der Macht kann sich sogar an Zustände heften, die ihr zu widersprechen scheinen: des Leidens, der Entbehrung, der Unterlegenheit. So wird z. B. der Leidende sich bewußt, daß er durch seine Not eine tiefere Lebenseinsicht gewinnt, als sie der Gesunde hat; oder der Unterlegene sagt sich, daß er unterliegt, weil er edler ist als die Erfolgreichen.
Selbst das quälende Gefühl der Minderwertigkeit ist immer mit einer mehr oder weniger verborgenen Selbstüberhebung verbunden; und sei es nur so, daß der Betreffende sich unfähig fühlt, den hohen Maßstäben zu genügen, die er für sich aufgestellt hat.
Jeder Akt, jeder Zustand, ja schon die einfache Tatsache, zu leben, zu sein, ist direkt oder auf Umwegen mit dem Bewußtsein der Machtausübung und des Machtgenusses verbunden. In ihrer positiven Form erzeugen sie das Bewußtsein, im Selbst zu stehen und Kraft zu haben; in ihrer negativen Form werden sie zum Hochmut, zum Stolz, zur Eitelkeit.

Das Bewußtsein der Macht trägt also einen ganz allgemeinen, ontologischen Charakter. Es ist ein unmittelbarer Ausdruck der Existenz, der sich freilich positiv oder negativ, in die Wahrheit oder in den Schein, ins Recht oder ins Unrecht wenden kann.
Damit führt das Phänomen ins Metaphysische, genauer gesagt, ins Religiöse hinüber.

Der theologische Begriff der Macht

I

So wird für die tiefere Erkenntnis der Macht wichtig, was die Offenbarung über ihr Wesen sagt.

Das Grundlegende steht bereits im Anfang des Alten Testamentes, und zwar im Zusammenhang mit der Wesensbestimmung des Menschen. Nachdem von der Erschaffung der Welt die Rede gewesen ist, heißt es im ersten Kapitel der Genesis: »Dann sprach Gott: Lasset uns Menschen machen nach unserm Bilde, Uns ähnlich, die da herrschen sollen über die Fische im Meer und über die Vögel des Himmels, über das Vieh und über alle wilden Tiere des Feldes und über alles Kriechende, das sich auf der Erde regt! Da schuf Gott den Menschen nach seinem Bilde. Nach dem Bilde Gottes schuf Er ihn. Als Mann und Weib schuf Er sie. Und Gott segnete sie und sprach zu ihnen: Seid fruchtbar und mehret euch, und füllet die Erde, und machet sie euch untertan, und herrschet über die Fische im Meer und über die Vögel des Himmels und über alle Tiere, die sich auf der Erde regen!«

Im Zusammenhang des zweiten Schöpfungsberichtes heißt es dann: »Da bildete Gott, der Herr, den Menschen aus der Erde vom Acker und hauchte ihm Lebensodem in die Nase; so wurde der Mensch zum lebendigen Wesen.« (Gen 1,26–28; 2,7)

Zuerst wird also gesagt, der Mensch sei anderen Wesens als was sonst lebt. Er ist, wie alles Lebendige, geschaffen; aber in einer besonderen Weise, nämlich nach dem Bilde Gottes. Er ist aus Erde – vom Acker, wo die Nahrung des Menschen wächst – geformt; aber ein Hauch vom Geist-Odem Gottes lebt in ihm. So ist er zwar in den Zusammenhang der Natur eingefügt; steht aber zugleich in unmittelbarer Beziehung zu

Gott und vermag von dorther der Natur gegenüberzutreten. Er vermag über sie zu herrschen und soll es – ebenso wie er fruchtbar werden und die Erde zum Wohnbereich seines Geschlechtes machen soll.

Das Verhältnis des Menschen zur Welt wird im zweiten Kapitel weiter entwickelt, und zwar unter dem schon berührten Gesichtspunkt, der Mensch solle nicht nur der Natur, sondern auch seiner selbst mächtig werden; nicht nur Kraft zum Werk, sondern auch zur Fortzeugung seines eigenen Lebens haben: »Dann sagte Gott, der Herr: Es ist nicht gut, daß der Mensch allein sei. Ich will ihm eine Gehilfin schaffen, die ihm gemäß ist. Da bildete Gott, der Herr, aus Erde alle Tiere des Feldes und alle Vögel des Himmels und brachte sie zu dem Menschen, um zu sehen, wie er sie benennen würde; und wie der Mensch sie benennen würde, so sollten sie heißen. Da gab der Mensch allem Vieh und allen Vögeln des Himmels und allen wilden Tieren Namen; aber für den Menschen fand er keine Gehilfin darunter, die ihm gemäß gewesen wäre.« (Gen 2,18–20)

Der Mensch erkennt also, daß er vom Tier wesenhaft verschieden ist; und daher mit ihm weder Lebensgemeinschaft haben, noch sein Leben fortzeugen kann.

Dann heißt es weiter: »Da ließ Gott, der Herr, einen tiefen Schlaf auf den Menschen fallen, so daß er einschlief. Und Er nahm eine von seinen Rippen und verschloß die Stelle wieder mit Fleisch. Und Gott, der Herr, gestaltete aus der Rippe, die Er vom Menschen genommen hatte, ein Weib und führte es dem Menschen zu. Da rief der Mensch aus: diese endlich ist Gebein von meinem Gebein und Fleisch von meinem Fleisch! Sie soll Männin heißen; denn vom Mann ist sie genommen. Darum wird ein Mann seinen Vater und seine Mutter verlassen und seinem Weibe anhangen, und sie werden zu einem einzigen Leibe werden.« (Gen 2,21–24)

Diese Texte, welche dann ihren Widerhall durch das Alte und Neue Testament hin finden, sagen, daß dem Menschen Macht sowohl über die Natur wie über sein eigenes Leben gegeben ist. Sie sagen weiter, daß ihm aus dieser Macht eine Befugnis und eine Aufgabe erwächst: zu herrschen.

In dieser Machtbegabung, in der Fähigkeit, sie zu gebrauchen, und in der daraus erwachsenden Herrschaft besteht die natürliche Gottebenbildlichkeit des Menschen. Darin sind Wesensbestimmung und Wertfülle des menschlichen Daseins ausgesprochen – die Antwort der Schrift auf die Frage, woher jener ontologische Charakter der Macht stamme, von welchem oben die Rede war. Der Mensch kann nicht Mensch sein und außerdem Macht üben oder es auch nicht tun; sondern sie zu üben, ist ihm wesentlich. Daraufhin hat der Urheber seines Daseins ihn bestimmt. Und wir Heutige tun gut, uns daran zu erinnern, daß im Träger der neuzeitlichen Entwicklung, auch und gerade der darin sich vollziehenden Entfaltung menschlicher Macht, nämlich im Bürger, eine verhängnisvolle Neigung wirksam ist: in immer gründlicherer, wissenschaftlich wie technisch vollkommenerer Weise, Macht auszuüben, sich aber nicht offen zu ihr zu bekennen, bzw. sie hinter Gesichtspunkten des Nutzens, der Wohlfahrt, des Fortschritts usw. zu verstecken. So hat er Herrschaft ausgeübt, ohne ein Ethos der Herrschaft zu entwikkeln[6]. Dadurch ist ein Machtgebrauch herangewachsen, der nicht in wesensgemäßer Weise ethisch bestimmt ist, und der seinen reinsten Ausdruck in der anonymen Aktiengesellschaft findet.

Erst wenn diese Tatsachen angenommen sind, erhält das Phänomen der Macht sein Gewicht; seine Größe sowohl wie seinen Ernst. Letzterer aber liegt in der Verantwortung. Wenn die menschliche Macht und die daraus kommende Herrschaft ihre Wurzel in der Ebenbildlichkeit zu Gott hat, dann ist die Macht dem Menschen nicht aus eigenem Recht, in

---

[6] Auch das ein Symptom jener inneren Unredlichkeit, die in der neuzeitlichen Haltung liegt. Vgl. S. 70ff.

Autonomie, sondern als Lehen zu eigen. Er ist Herr von Gnaden, und soll seine Herrschaft in Verantwortung gegen Den ausüben, der Herr von Wesen ist. Dadurch wird die Herrschaft zum Gehorsam, zum Dienst. Zuerst in dem Sinne, daß sie aus der Wahrheit der Dinge heraus geschehen soll. Das wird an der für den Sinn des zweiten Schöpfungsberichtes entscheidenden Stelle gesagt, nämlich bei der Bestimmung des Menschenwesens: Dieses ist von dem des Tieres verschieden; so wird nur zum anderen Menschen hin möglich, was zum Tier hin nicht möglich ist, nämlich die Lebensgemeinschaft. Herrschaft bedeutet also nicht, daß der Mensch dem Natur-Gegebenen seinen Willen aufzwingt, sondern daß sein Besitzen, Gestalten und Schaffen aus Erkenntnis geschieht; diese Erkenntnis aber entgegennimmt, was das Seiende in sich ist, und es im »Namen«, d.h. im Wesenswort ausspricht... Die Herrschaft ist weiter Gehorsam und Dienst in dem Sinne, daß sie sich in der Schöpfung Gottes bewegt, und die Aufgabe hat, das, was Er aus seiner absoluten Freiheit als Natur geschaffen, im Raum der endlichen Freiheit als Geschichte und Kultur fortzuführen. Durch seine Herrschaft soll also der Mensch nicht autonom seine Eigenwelt aufrichten, sondern die Welt Gottes nach dessen Willen als menschliche Freiheitswelt vollenden.

II

Darauf folgt der Bericht über die Erprobung des Menschen – und wir dürfen von vornherein annehmen, daß sie sich auf den Entscheidungspunkt seiner Existenz, nämlich seine Macht und deren Gebrauch beziehen werde. Das geschieht denn auch, und der Tiefsinn des Berichts verdiente eigentlich eine Wort für Wort aufschließende Interpretation.
»Und Gott, der Herr, nahm den Menschen und brachte ihn in den Garten Eden, daß er ihn bestelle und bewahre. Und Gott,

der Herr, gebot dem Menschen: Von allen Bäumen des Gartens darfst du essen; aber vom Baum der Erkenntnis des Guten und des Bösen darfst du nicht essen; denn sobald du von ihm issest, mußt du des Todes sterben.« (Gen 2,15–17)

Der Sinn der Stelle wird nur klar, sobald man die üblichen naturalistischen Deutungen ausräumt. Nach diesen meint der »Baum der Erkenntnis des Guten und des Bösen« die Erkenntnis selbst, das Freiwerden des Menschen zur Unterscheidung von Wahr und Falsch, von Recht und Unrecht; die Mündigkeit des Geistes also im Unterschied zum unkritischen Träumen und zur personalen Unselbständigkeit des Kindes. Eine andere Deutung, der ersten nahe verwandt, sagt, der Baum meine die geschlechtliche Reife des Menschen; das Mächtigwerden seiner selbst und des Geschlechtspartners in der Fruchtbarkeit. Der Sinn solcher Deutungen aber liegt in einem von vornherein feststehenden Satz, welcher lautet: Der Mensch mußte schuldig werden, damit er mündig, kritikfähig, lebensreif, Herr seiner selbst und der Dinge würde. Das Böse zu tun, war daher ein Durchgang in die Freiheit... Man braucht den Bericht nur genau anzusehen, um festzustellen, daß in ihm von solcher Psychologistik nirgendwo die Rede ist. Nirgendwo ist die Erkenntnis, und ebensowenig die Geschlechtserfüllung verwehrt. Im Gegenteil; der Mensch soll ja doch gerade die Freiheit der Erkenntnis, die Macht über die Dinge und die Erfüllung des Lebens gewinnen. Das ist ihm ausdrücklich, von der Schöpfung her, als Gabe wie als Aufgabe, ins Wesen gelegt. Er soll die Tiere – stellvertretend für die Naturdinge überhaupt genannt – beherrschen; dazu muß er sie aber erkennen. Wie die Prüfung an ihn herantritt, hat er das auch bereits getan: er hat das Wesen der Tiere verstanden und es im Namen ausgesprochen. Und wie kann die geschlechtliche Gemeinschaft verwehrt sein, wenn ausdrücklich gesagt worden ist, Mann und Weib würden »ein Leib« sein, und mit ihrer Nachkommenschaft »die Erde erfüllen«?

Das alles heißt: Der Mensch soll zur Herrschaft im weitesten Sinne gelangen, aber ebendadurch, daß er im Gehorsamsverhältnis zu Gott bleibt und sie als Dienst vollzieht. Er soll Herr werden, aber so, daß er im Ebenbild bleibt und nicht nach der Urbildlichkeit verlangt.

Das Folgende – eine Grundlegung aller Daseinsdeutung – zeigt, wie die Versuchung eben hier ansetzt:
»...die Schlange...sprach zum Weibe: Sollte Gott wirklich gesagt haben: Ihr dürft von keinem Baume des Gartens essen? Da sprach das Weib zur Schlange: Wir dürfen von den Früchten der Bäume im Garten essen; nur von den Früchten des Baumes, der mitten im Garten steht, hat Gott gesagt: Esset nicht davon und rühret sie nicht einmal an, daß ihr nicht sterbet. Da sprach die Schlange zum Weibe: Keineswegs werdet ihr sterben; sondern Gott weiß, sobald ihr davon esset, werden euch die Augen aufgehen, und ihr werdet wie Gott sein und erkennen, was gut und was böse ist. Und das Weib sah, daß von dem Baume gut zu essen wäre, und daß er eine Lust für die Augen sei und begehrenswert, weil er einsichtig machte; und sie nahm von seiner Frucht, und aß, und gab auch ihrem Manne, der bei ihr war, und er aß. Da gingen ihnen beiden die Augen auf, und sie wurden gewahr, daß sie nackt waren. Und sie hefteten Feigenblätter zusammen und machten sich Schurze.« (Gen 3,1–7)
Die Schlange – eine symbolhafte Gestalt für Satan – verwirrt dem Menschen die Grundtatsachen seines Daseins: den Wesensunterschied zwischen Schöpfer und Geschöpf; das Verhältnis von Urbild und Ebenbild; die Selbstverwirklichung durch Wahrheit und die durch Usurpation; die Herrschaft im Dienst und die aus eigenem Anspruch. Dabei wird der reine Begriff von Gott ins Mythische geschoben. Wenn gesagt wird, Gott wisse, daß die Menschen durch die verbotene Tat Ihm selbst gleich werden können, dann heißt das, Gott habe Angst, Er fühle seine Göttlichkeit durch den Menschen bedroht; denn Er stehe zu diesem in dem Verhält-

nis, in welchem die mythischen Gottheiten zum Menschen stehen. Sie kommen aus der gleichen Wurzel wie der Mensch, aus dem Urgrund der Natur; daher sind sie im Letzten nicht mehr, als er ist. Sie sind nur faktisch, nicht wesentlich die Herren. So ist es möglich, daß der Mensch sie entthrone und sich selber zum Herrn mache. Er muß nur den Weg dazu finden; und die Worte der Versuchung behaupten, er liege in der Erkenntnis des Guten und des Bösen. Auch diese Erkenntnis wird also mythisch genommen: als das dem jeweiligen Weltherrn vorbehaltene Eingeweihtsein in das Geheimnis der Welt, welches magische Macht gibt und die Herrschaft gewährleistet. Sobald die Menschen sie gewinnen, werden sie ihm gewachsen und können ihn entthronen... Von alledem ist aber in den Worten Gottes keine Rede, sondern die Versuchung besteht gerade darin, daß das echte Gottesverhältnis in dieses mythische Zwielicht geschoben und damit verfälscht wird[7]. Und die Bewährung soll darin bestehen, daß die Menschen Gott die Ehre seiner Wahrheit geben und selbst im Gehorsam ihrer Wahrheit bleiben.

Statt dessen gehen sie auf den Trug ein und erheben den Anspruch auf ein Herrentum von eigenen Gnaden. Und es ist von einer wahrhaft offenbarenden Enthüllungskraft, wenn dann erzählt wird, wie der Ungehorsam nicht die vergöttlichende Erkenntnis bringt, sondern die tödliche Erfahrung, »nackt« zu sein – wobei hinzugefügt werden muß, daß die Nacktheit, von der jetzt gesprochen wird, eine wesenhaft

---

[7] An der mythischen Zweideutigkeit entsteht das frevelhafte Begehren; ebenso wie umgekehrt der mythische Trug nur möglich wird, wenn die Begehrlichkeit ihm den seelischen Raum schafft. Es ist ein Ganzes, in welchem die Elemente einander wechselseitig bedingen und rechtfertigen, der »Gestaltkreis« des unrechten Daseins, aus dem undurchdringbaren Anfang der Freiheit heraus gewollt – während der Bestimmungskreis des echten Daseins so aussieht: Das »reine Herz« macht sehend für die Wahrheit; die gesehene Wahrheit öffnet den Weg zu tieferer Reinheit; die tiefere Reinheit befähigt zu höherer Erkenntnis usw.

andere ist als jene, von welcher kurz vorher die Rede war, als es hieß, »die Menschen waren nackt, aber sie schämten sich nicht«.
Nun ist das Grundverhältnis des Daseins verstört. Nach wie vor hat der Mensch Macht und Möglichkeit des Herrschens. Aber die Ordnung, in welcher sie ihren Sinn hatte, weil sie Dienst, weil die Macht durch die Verantwortung vor dem eigentlichen Herrn gewährleistet war, ist verwirrt.
So gibt es nach der biblischen Lehre das reine Phänomen der Macht und der aus ihr hervorgehenden Herrschaft nicht mehr. Am Anfang der Menschengeschichte steht ein Vorgang, dessen Bedeutung mit einfachen Begriffen des äußeren oder inneren Widerstandes, der Gefahr und der Störung nicht auszudrücken ist. Es handelt sich um keine innergeschichtliche, biologische oder psychologische oder geistige Schädigung; auch nicht um eine innerhalb des bekannten Seinszusammenhangs eingetretene ethische Verschuldung, sondern um ein Geschehnis, das unseren Geschichtszustand hinterschreitet. Es hat das Grundverhältnis des Daseins verwirrt, sodaß von da ab die ganze Menschengeschichte innerhalb eines Raumes läuft, welcher durch diese Verwirrung bestimmt ist.
Von dorther erhält das biblische Geschichtsbild einen eigenen Charakter. Es widerspricht sowohl der naturhaft-optimistischen, als auch der kultur-pessimistischen Vorstellung, wie sie sich in der Neuzeit herausgebildet haben. Trotz aller Fülle des Materials, aller Genauigkeit der Methoden, allen Tiefsinns der Deutungen sind diese Geschichtsauffassungen irreal und dünn. Doch kann darüber in den hier gezogenen Grenzen nicht weiter gesprochen werden.
Jedenfalls erhält von dorther auch die Gefahr der Macht einen eigenen und sehr dringlichen Charakter: Daß sie falsch gebraucht werde, ist nun nicht nur möglich, sondern wahrscheinlich – falls man nicht sagen muß, unausweichlich. Diese Unausweichlichkeit ist es, welche in den Mythen der Hybris – Prometheus, Sisyphos – zum Ausdruck kommt. Es sind

nicht die Mythen des Menschen einfachhin[8] – ebensowenig wie der Fall des Menschen zum Menschen einfachhin gehört –, sondern drücken den Zustand seiner Gefallenheit aus. Was das Alte Testament über die Macht sagt, vollendet sich aber erst in der Offenbarung des Neuen Testamentes.

III

Deren Inhalt darzulegen, ist nicht leicht. Die Lehre des Alten Testamentes ist von großartiger Einfachheit. Sie hat, möchte man sagen, etwas Klassisches, indem die Absicht Gottes und der Widerstand des Menschen, der aus der Schöpfung hervorgehende Urzustand und die durch die Empörung bewirkte Gefallenheit sich scharf von einander abheben. Die Vorstellung des Neuen Tetamentes ist viel schwerer zu verstehen.
Die Erlösung ist keine bloße Verbesserung der Seinszustände, sondern etwas vom Range der Erschaffung alles Seienden. Sie geht nicht aus den Strukturen der Welt, und seien es die geistigen, sondern aus der reinen Freiheit Gottes

---

[8] Solche gibt es überhaupt nicht. Die überall – vom Historischen, Philosophischen, Ästhetischen, Psychologischen, Politischen her – entstehende neue Mythenreligiosität ruht auf der überhaupt nicht geprüften Voraussetzung, was im Mythos redet, sei der »natürliche« Mensch einfachhin. Daher enthalte der Mythos die Urdeutung des Daseins. Diese Voraussetzung ist so dogmatisch, daß ein Widerspruch geradezu wie ein Angriff auf Heiliges empfunden wird. In Wahrheit ist der Mythos der Selbstausdruck des Menschen, der schon die erste Entscheidung hinter sich hat. In ihm redet nicht das Urdasein, sondern das geschichtliche, das heißt aber, gefallene Dasein. Und wiederum: kein Dasein, das fallen mußte, um geschichtsfähig zu werden, sondern jenes, das gefallen ist, weil der Mensch sich so entschieden hat. Er hätte auch anders entscheiden können. Alles andere ist ein Tragizismus, in welchem jene Schuld sich selbst zu rechtfertigen sucht, indem sie sich für notwendig erklärt. Das ist die Voraussetzung, von der aus allein der Mythos – und dann allerdings zu tiefster Belehrung – verstanden werden kann. (Siehe mein Buch »Religion und Offenbarung« Bd. I, Würzburg 1958, S. 112 ff und S. 207 ff.)

hervor. Sie setzt einen neuen Anfang: schafft einen neuen Standort des Existierens, ein neues Maßbild des Guten und eine neue Kraft der Verwirklichung. Das bedeutet aber keine Umzauberung der Welt, noch eine Entrückung in einen abgelösten Raum, sondern die Erlösung vollzieht sich in der Wirklichkeit des Menschen und der Dinge. Dadurch entsteht eine sehr verwobene Situation, wie sie vielleicht am deutlichsten in der Lehre des Apostels Paulus vom Verhältnis des »alten« und des »neuen Menschen« zum Ausdruck kommt.

So ist es schwer, über sie zu sprechen – um so schwerer, als man dazu, wenn auch unter strengster Bescheidung auf die Aussagen der Offenbarung selbst, versuchen muß, etwas über das Heilige schlechthin, nämlich über die »Motive« Gottes zu sagen. Hinzu kommt noch ein unmittelbar praktisches Moment, und ich bitte hier persönlich sprechen zu dürfen. Ebenso wie in meiner ersten Schrift, möchte ich auch in dieser zu einer Frage beitragen, die alle beschäftigt, und empfinde daher die Sorge, die Gedanken dieses Kapitels könnten den Kreis derer, an die ich mich wende, einschränken. Anderseits ist aber doch wohl deutlich geworden, daß unsere Situation Klarheit verlangt; so kann es nur gut sein, wenn in der Verwaschenheit der umgehenden Theorien und Programme der Sinn der christlichen Botschaft ohne Abstrich dargestellt wird. Der zur Verfügung stehende Raum ist sehr eng; so müssen wir sofort auf das Entscheidende, nämlich die Person und Haltung Christi zugehen.

Die Weisen aller hohen Kulturen haben von der Gefahr der Macht gewußt und von ihrer Überwindung gesprochen. Ihr letztes Wort ist das der Maßhaltung und Gerechtigkeit. Die Macht verführt zur Selbstüberhebung und zur Mißachtung des Rechts; so wird dem Gewaltmenschen jener entgegengestellt, der besonnen bleibt, Ehrfurcht vor Göttern und Menschen hat und das Recht wahrt. Das alles ist aber noch nicht Erlösung. Es versucht, innerhalb des verstörten Daseins Stand zu gewinnen und eine Ordnung aufzurichten; nicht erfaßt es – was Erlösung tun müßte – das Dasein als Ganzes[9].

Worin besteht unter dem Gesichtspunkt der uns hier beschäftigenden Fragen der entscheidende Charakter dessen, was die christliche Erlösungsbotschaft verkündet? Er wird durch ein Wort ausgedrückt, das im Laufe der Neuzeit seinen Sinn verloren hat: die Demut[10].

Sie ist zu einem Ausdruck für Schwäche und Lebensdürftigkeit, Feigheit im Daseinsanspruch und Mangel an Hochgesinntheit, zum Inbegriff alles dessen geworden, was Nietzsche »Dekadenz« und »Sklavenmoral« nennt. Damit ist aber der Sinn des Phänomens vollkommen verloren. Daß sich in der fast zweitausendjährigen christlichen Geschichte Gedanken über die Demut und Formen ihrer Verwirklichung finden, auf die jene Urteile zutreffen, ist ohne weiteres zuzugeben; sie bedeuten aber selbst Dekadenz, nämlich Abfall von einem nicht mehr verstandenen Großen.

Demut im christlichen Sinne ist eine Tugend der Kraft, nicht der Schwäche. Im ursprünglichen Sinne demütig ist der Starke, Hochgesinnte und Kühne. Der die Haltung der Demut zuerst verwirklicht und sie dem Menschen ermöglicht hat, ist Gott selbst; und der Akt, durch welchen das geschieht, die Menschwerdung des Logos. Paulus sagt im Philipperbrief, daß Christus, »da Er in Gottgestalt war, das Gottgleichsein nicht wie einen Raub ansah [den man zu Unrecht besitzt und daher, aus Schwäche, ängstlich festhält], sondern sich selbst entäußerte, indem Er Knechtsgestalt

---

[9] Das scheint im Buddhismus der Fall zu sein. Aber abgesehen davon, daß auch hier die Linie des erlösenden Tuns niemals aus der Welt herauskommt, besteht die Radikalität des Kampfes gegen die Gefahr der Macht darin, daß das Dasein überhaupt als sinnlos bezeichnet wird. Erlösung ist dann der Schritt ins »Nirwana«.

[10] Wie wenig der neuzeitliche Mensch in der Lage ist, über die Demut zu urteilen; wie sehr er einer inneren Sinnesöffnung bedarf, um auch nur ihr Phänomen zu Gesicht zu bekommen, zeigt Max Schelers Aufsatz »Zur Rehabilitierung der Tugend«, Abhandlungen und Aufsätze Bd. I [1]1915 (spätere Auflage unter dem Titel: »Umwertung der Werte«) S. 3 ff, bes. 8 ff.

annahm, im Bilde des Menschen erschien, im Verhalten als ein Mensch erfunden ward und sich selbst erniedrigte, gehorsam bis zum Tode, ja bis zum Tod am Kreuz« (2,5–8). Alle geschöpfliche Demut entspringt in diesem Akt, durch den Gottes Sohn Mensch geworden ist. Er hat ihn nicht aus irgendwelcher Nötigung vollbracht, sondern in reiner Freiheit, weil Er, der Souveräne, so wollte. Der Name dieses souveränen »Weil« ist Liebe; wobei aber zu beachten ist, daß ihr Maßstab nicht vom Menschen her genommen werden darf, sondern aus dem abzulesen ist, was Gott selbst über sich sagt. Denn ebenso wie die Demut, beginnt auch das, was das Neue Testament unter Liebe versteht, in Gott (1 Joh 4,8–10).
Wie das sein könne, daß Er, der Absolute und Souveräne, in die existentielle Einheit mit einem Menschenwesen trete; daß Er nicht nur die Geschichte regiere, sondern in sie hineingehe; daß Er alles das auf sich nehme, was aus solchem Hineingehen kommt, nämlich »Schicksal« im echten Sinn des Wortes – das ist nicht zu durchschauen. Sobald wir vom Maßstab bloß natürlicher Philosophie, will sagen vom Begriff des absoluten Wesens ausgehen, wird die Botschaft von der Menschwerdung mythologisch oder unsinnig. Das zu tun, ist aber selbst ein Unsinn, denn es dreht die Ordnung der Dinge um. Es darf nicht heißen: Gott ist so und so, also kann Er das oder jenes nicht tun – sondern: Er tut so und damit offenbart Er, wer Er ist. Über die Offenbarung zu urteilen, ist nicht möglich; man kann nur erkennen, daß sie geschehen ist, sie entgegennehmen, und von ihr aus über die Welt und den Menschen urteilen. Das ist die Grundtatsache des Christentums: Gott selbst tritt in die Welt ein. Aber wie?

Die Stelle des Philipperbriefes sagt es: in der Form der Demut.
Betrachtet man die Lebenssituation Jesu; die Art, wie seine Tätigkeit vor sich geht und sein Schicksal sich gestaltet; die Weise seines Verkehrs mit den Menschen; den Geist seines

Tuns und Sprechens und Sich-Haltens, dann sieht man, wie sich hier beständig höchste Macht in die Form der Demut übersetzt. Nur einige Hinweise: Er stammt aus dem alten Königsgeschlecht; das aber ist abgesunken und bedeutungslos geworden. Seine wirtschaftlichen und sozialen Verhältnisse sind denkbar bescheiden. Er gehört nie, auch nicht auf dem Gipfel seiner Wirksamkeit, zu einer der herrschenden Gruppen; und die Menschen, die Er an sich heranzieht, machen nirgends den Eindruck persönlicher oder leistungsmäßiger Außergewöhnlichkeit. Nach kurzer Zeit des Wirkens wird Er in einen verlogenen Prozeß gezogen; der römische Richter weicht, zum Teil erschreckt, zum Teil gelangweilt, vor seinen Gegnern zurück und verurteilt Ihn zu einem ebenso qualvollen wie entehrenden Tod. Mit Recht hat man bemerkt, daß das Schicksal der großen Gestalten alter Geschichte, auch wo es zum tragischen Untergang führt, immer einer Gemäßheit folgt; einem Kanon dessen, was dem Großen geschehen darf: im Falle Jesu scheint es einen solchen Kanon nicht zu geben, sondern Ihm scheint einfachhin alles geschehen zu dürfen. Den Vorentwurf dieses Schicksals enthält schon die Prophetie des Isaias in der geheimnisvollen Gestalt des »Gottesknechtes« 52,13 bis 53,12. Aus diesem Sinnverhalt ist das paulinische Wort von der *»kenosis«* gesprochen, der Selbstentäußerung, mit welcher Der, welcher wesensmäßig in der *»morphē theou«*, der Herrlichkeitsgestalt Gottes ist, sich in die *»morphē tou doulou«*, die Niedrigkeitsgestalt des Knechtes gibt.
Jesu ganzes Dasein ist Übersetzung der Macht in die Demut. Aktiv gesagt: in den Gehorsam gegen den Willen des Vaters, wie er sich in der jeweiligen Situation ausdrückt; diese Situation ist aber, im Ganzen wie im Einzelnen, so, daß sie die beständige »Entäußerung« fordert. Der Gehorsam ist für Jesus nichts Zweites, Hinzukommendes, sondern bildet den Kern seines Wesens. Schon daß Er die »Stunde« nicht aus eigenem Willen formt, sondern sie in Lauterkeit aus dem Willen des Vaters versteht, ist Gehorsam. Dieser Wille wird

einfachhin zu seinem eigenen Willen; die Ehre des Vaters zu seiner Ehre. Und das nicht so, daß Er der Forderung verfiele, sondern in reiner Freiheit.

Die Annahme der »Knechtsgestalt« bedeutet aber nicht Schwäche, sondern Kraft. Die Evangelien sind von einfachen Menschen geschrieben. Ihnen eignet weder der epische Zug antiker Geschichtsschreibung, noch die eindringende Psychologie, an welche wir gewöhnt sind. Ihre Erzählung hält sich jeweils an das unmittelbare Geschehen und den verkündigungsmäßig wichtigen Ausspruch. Auch sind sie fragmentarisch, brechen ab, wo man mehr erfahren möchte – und wie all die Unzulänglichkeiten lauten mögen, welche unsere literarische Gewöhnung empfindet. Es bedarf einer aus dem Innersten kommenden Aufmerksamkeit, um sie richtig zu lesen. Ist die aber da, dann richtet sich vor ihr eine Existenz von einer Mächtigkeit auf, wie sie in der ganzen Geschichte keine Entsprechung hat. Einer Macht, für die es keine von außen, sondern nur eine von innen her kommende Grenze gibt: den in Freiheit angenommenen Willen des Vaters. Diesen freilich so, daß er in jedem Augenblick, in jeder Situation, bis in die erste Herzensregung hinein fordernd wirksam ist. Es ist Kraft, was hier gehorcht, nicht Schwäche. Es ist »*kyriotes*«, Herrentum, was sich in die Knechtsgestalt gibt. Macht, so vollkommen sich selbst beherrschend, daß sie fähig ist, auf sich zu verzichten. In einer Einsamkeit, die so groß ist, wie ihre Souveränität.

Hat man das einmal in den Blick bekommen, dann sucht man – gleichsam als Rückprobe – unter den Gestalten der Geschichte, ob eine ebenbürtig oder gar überlegen sei. Das scheint zuweilen der Fall; doch nur, solange man Maßstäbe sozialer oder politischer Wirkung, geistiger Kultur, religiösen Tiefsinns zu Grunde legt. Geht man aber an den Kern – und allerdings bedarf es, um dieses Kerns gewahr zu werden, der Sehkraft, welche »Glaube« heißt –, dann erscheinen jene Übelegenheiten als das, was sie sind: Eigenschaften und Leistungen innerhalb der Welt. Jesu Existenz aber spannt sich aus dem Geheimnis des Lebendigen Gottes, der gegenüber allem, was Welt heißt, souverän ist, in die Gegenwart konkretester Geschichtlichkeit. Aus dieser absoluten Überlegenheit mitten in engster geschichtlicher Bindung heraus erfaßt Er das Ganze der Schöpfung als solches, sühnt seine Schuld und öffnet den neuen Anfang.

Das ist die Antwort des Neuen Testamentes auf die Frage nach der Macht. Sie wird nicht als solche verworfen. Jesus behandelt die menschliche Macht als das, was sie ist, eine Wirklichkeit. Er empfindet sie auch; sonst hätte ein Vorgang, wie die dritte Versuchung, welche ja eine Versuchung zur Hybris ist (Mt 4,8–10), keinen Sinn. Ebenso deutlich wird aber ihre Gefahr: sich gegen Gott zu empören, ja Ihn überhaupt nicht mehr als ernsthafte Wirklichkeit zu sehen; die Maßstäbe zu verlieren; Gewalt in all ihren Formen zu üben. Dagegen setzt Er die Demut als Befreiung vom Bann der Macht aus der innersten Wurzel her.

Man könnte fragen, was damit in der Geschichte geschehen, und ob die Verstörung der Macht tatsächlich überwunden sei? Darauf ist nicht einfach zu antworten. Erlösung bedeutet nicht, daß ein für allemal der Zusammenhang der Welt geändert, sondern daß von Gott her ein neuer Anfang des Daseins gesetzt wird. Dieser Anfang besteht und bildet eine beständige Möglichkeit. Ein für allemal ist deutlich geworden, in welchem Zustand die Macht vor dem Blick Gottes ist; ein für allemal darauf durch den Gehorsam Jesu die Antwort Gottes gegeben. Dieser hat aber nicht privaten Charakter, sondern steht in einer Offenheit, die jedem zugänglich ist. Er bedeutet nicht die persönliche Erfahrung und Überwindung eines Einzelnen, sondern ist eine Haltung, an welcher jeder teilhaben kann, der will – das Wort »Wollen« in jener Fülle des neutestamentlichen Sinnes verstanden, welche sowohl die Gnade des Wollen-könnens wie die Entschiedenheit des Willensvollzuges umfaßt.

Dieser Anfang ist da und wird durch nichts mehr ausgelöscht. Wie weit er realisiert wird, ist Sache jedes Einzelnen und jeder Zeit. Die Geschichte fängt mit jedem Menschen neu an, und in jedem Menschenleben mit jeder Stunde. So hat sie auch die Möglichkeit, jederzeit aus dem Anfang heraus neu anzufangen, der hier gesetzt ist.

Was aber die Frage anlangt, wie nun das auf Leben und Tod dringliche Problem der Machtbewältigung konkret gelöst werden könne, so muß die Antwort – soweit eine solche möglich ist – zunächst noch zurückgestellt werden.

Die Entfaltung der Macht

I

Wir versuchen nun, uns ein Bild von der Art und dem Maß der Macht zu schaffen, die der Mensch gewonnen hat. Dabei versteht es sich von selbst, daß es sich nur um Andeutungen handeln kann. Die Frage genau zu beantworten, hieße ja nicht weniger, als die Geschichte der Kultur darzustellen. Bedeutungsvoll sind vor allem die frühesten Entdeckungen und Formungen, durch welche der Mensch die ihm gedanklich wie praktisch fremde Natur bewältigt hat[11]. Dazu gehören die ersten Werkzeuge, wie Messer, Hammer, Schöpfgerät, Rad, Pflug; die ersten Waffen, wie Keule, Speer, Axt; die ersten Mittel zum Schutz gegen die Witterung, wie das Gerben und Nähen der Tierhaut und die Herstellung von Geweben; die ersten Heilmittel, wie Fette und Kräuter. Dazu gehören die ersten architektonischen Konstruktionen, wie Stütze, Decke, Türe, Stufe; die ersten Mittel der Fortbewegung, wie Boot und Rolle. Dazu gehören der Anbau von Nahrungspflanzen und die Zähmung wildlebender Tiere... Nicht zu vergessen jene ebenso frühen Gebilde, die keinen

---

[11] Der Begriff der »Fremdheit« ist mehrschichtig. Er enthält einmal die Tatsache, daß der frühe Mensch die Natur noch nicht versteht und beherrscht. Darüber hinaus aber auch eine tiefere, nur von der Offenbarung her deutliche: nämlich die »Entfremdung«, die aus der Schuld kommt. Sie bedeutet, daß die Natur dem Menschen widersteht; genauer gesagt: daß der Mensch der Natur in einer Weise, mit einem Anspruch gegenübertritt, der dem Wesen des Geschaffenen widerspricht, sodaß dieses dem menschlichen Willen quer-steht, wider-steht. Hier wäre viel zu sagen. Aus der Analyse dieses Verhältnisses würden sich Einsichten in die Grundtatsachen der Kultur ergeben, die einen ganz anderen Realismus und eine ganz andere Tiefe zu erreichen vermöchten, als die üblichen naturalistisch-idealistischen Deutungen.

unmittelbaren Zwecken dienen. Dabei müssen wir gewärtig halten, daß der Begriff des »Zweckes«, wie wir ihn verstehen, spät ist, und auf die primitiven Zustände, in denen alles, vom Kleid bis zur Waffe, vom Pflug bis zur Hausschwelle außer dem Nutzen, richtiger gesagt, zugleich mit ihm, ja vor und in ihm, auch eine symbolisch-magische Bedeutung hatte, nur mit Vorsicht angewendet werden kann. Hier denken wir aber an Dinge, die einen Zweck in unserem Sinne überhaupt nicht haben; z. B. die verschiedenen Formen des Schmucks, welche als Amulette der Abwehr feindlicher und der Sicherung freundlicher Mächte dienen; die Kultbilder, Wandmalereien und so fort.
Schon diese ersten Formungen bedeuten etwas anderes, als was z. B. der Vogel tut, wenn er sein Nest baut. Zunächst könnte es scheinen, als handle es sich um den gleichen Vorgang: daß nämlich der Mensch in das Funktionsgefüge seines Körpers Dinge hineinzöge, die diese Funktion steigern. In Wahrheit ist aber bei ihm von vornherein etwas wirksam, das beim Tier fehlt: der Mensch erkennt – wie das auch immer geschehen mag – den Zusammenhang zwischen Ursache und Wirkung; er fühlt bzw. versteht den Sinn der Funktionsgestalt und lenkt die einzelnen Handlungsmomente auf ihre Verwirklichung hin, das heißt: der Geist ist wirksam. Der Mensch hebt sich aus dem unmittelbaren Naturzusammenhang heraus; überblickt, entscheidet und handelt. Er sammelt und entwickelt Erfahrungen; übernimmt sie von anderen und setzt sie fort...

Die genauere Untersuchung führt uns zu den Elementarvorgängen des kulturellen Schaffens.
Um sie zu verstehen, müssen wir uns einen Menschen vorstellen, der außerordentlich wache Instinkte hat; scharf und fein entwickelte Sinne; ein sehr lebendiges Spiel sowohl des Körperganzen, wie der einzelnen Glieder und Organe in ihm. Sobald das Bedürfnis nach Nahrung, oder nach Heilung einer Krankheit, oder nach Schutz vor einer Gefahr dringlich

wird, sucht er in seiner näheren und entfernteren Umgebung. Der Instinkt unterscheidet nützliche und schädliche Kräuter; das unmittelbare Gefühl merkt, wie ein Stein oder ein Stück Holz sich in den Leistungszusammenhang der Glieder und Organe einfügen, bzw. wie die Bewegung eines Brettes oder eines ausgehöhlten Baumstammes sich der Wasserströmung bedienen kann. Die praktische Anwendung bestätigt oder verwirft oder berichtigt das instinktiv Getane und führt zu neuen Möglichkeiten... Dabei ist der Grundvorgang wohl nicht so zu sehen, daß zu einem bestimmten Bedürfnis ein zweckentsprechendes Mittel hinzugefunden würde, sondern ein Zusammenhang tritt hervor, in welchem jeweils ein Element das andere bedingt: der Drang des Bedürfnisses führt zur Entdeckung der Abhilfe, das Vorhandensein der Befriedigungsmittel bestimmt aber auch seinerseits Charakter und Maß des Bedürfnisses. Und der Vorgang ist weniger von rationaler Erwägung, als von Akten des Instinkts, des Gestalt- und Funktionsgefühls und der praktischen Erfahrung getragen, in deren Spiel das betreffende Beziehungsganze hervortritt. Besonders wichtig ist ferner das Moment des Gedächtnisses bzw. der Tradition. Die Kraft des frühen Menschen, Gesehenes und Getanes festzuhalten und fortzuführen, ist im Einzelnen wie in der Gemeinschaft außerordentlich stark. So wird das einmal Gefundene bewahrt und weiter entwickelt.

Dazu kommen Momente, die dem heutigen Kulturmenschen weithin verloren gegangen sind, aber bei primitiven Völkern zur Regel zu gehören scheinen: Wahrnehmungen über das unmittelbar Gegebene hinaus; Empfindungen des Gewarnt- und Geführtseins; von einem Unbewußten getragen, das noch nicht durch Reflexion irregemacht und durch eine hoch entwickelte Sinnesorganisation unterstützt ist.

Auch empfindet der frühe Mensch das ganze Dasein als von geheimnishaften Mächten durchwaltet. Alles Besondere und Wichtige in der Natur, Dinge wie Vorgänge, haben eine über die bloße Empirie hinausgehende Bedeutung. Sie sind Offenbarungen göttlicher Mächtigkeit und dadurch geweiht und geschützt. Eine solche Bedeutung haben auch die Kulturdinge: Haus, Feuer, Werkzeug, Waffe, Schmuck, Verkehrsmittel usw. Ihre Herstellung ist von höheren Wesen gelehrt worden; sie werden von ihnen durchwirkt und beschützt. Dadurch wird die Kraft der Bewahrung, von welcher schon die Rede war, wesentlich verstärkt. Gemachte Entdeckungen gehen nicht verloren, sondern die Aufmerksamkeit bleibt auf sie gerichtet. Ein Fortgang der Pflege und der Bemühung vollzieht sich. Aus den gefundenen Kulturelementen wird eine Möglichkeit nach der anderen herausgeholt, und die Entsprechung zu bereits Geleistetem hilft, Neues zu bewältigen.

Alle diese Formen des Könnens sind Macht, und ihre Ausübung ist Herrschaft. Es entsteht der Zusammenhang des kulturellen Schaffens. Die Stoffe und Energien der umgebenden Natur werden entdeckt und nutzbar gemacht. Die natürlichen Kräfte des Menschen, wie sie in seinen Sinnesorganisationen, in seinen Gliedern, in seiner Gestalt liegen, werden unterstützt und ihre Wirkung vergrößert. Der Einfluß, den vermöge der Familien- und Stammesbeziehungen ein Mensch auf den anderen ausübt, werden verstanden, geordnet, zu den verschiedenen Formen sozialer Ordnung entwickelt und so fort.

II

Diese Entwicklung geht mit einer gewissen Gleichmäßigkeit von den ersten vorgeschichtlichen Epochen bis zum Beginn der Neuzeit ihren Weg.

Bezeichnend für ihren Charakter ist ein Eindruck, den die Haltung der sie tragenden Menschen wie der Stil der von ihr hervorgebrachten Bildungen auf uns macht: auch in ihren größten Leistungen und ihrer reichsten Gestaltenfülle hat sie etwas eigentümlich Menschengemäßes. Über den Rang ihres Schaffens braucht nichts gesagt zu werden. Namen wie die der Akropolis von Athen, der Kaiserstadt von Peking, der Kathedrale von Chartres bezeichnen Gipfel, über welche spätere Zeiten nicht hinaussteigen, neben denen sie nur ihrerseits Hohes auftürmen können. Die alten Werke haben aber ein Maß, das nur selten – etwa bei gewissen assyrischen oder römischen Konstruktionen – durchbrochen scheint. Lebensraum, Leistungsgröße, Werkgestalt sind so, daß sie vom Menschen her durchfühlt, als unmittelbare Fortsetzung und Steigerung des eigenen Seins empfunden werden können. Dieses Maß ist es, was uns veranlaßt, wenn auch mit allerlei Bedenken und Einschränkungen, auf die genannten Kulturepochen das Wort »organisch« anzuwenden. In der Art, wie der Mensch die Natur versteht, mit ihr umgeht, sie benutzt und formt, halten das rationale, das instinkthafte und das bildhaft-anschauende Moment einander in etwa die Waage. Er bemächtigt sich des Gegebenen, verdichtet seine Formen, steigert seine Wirkungen, bricht aber – im Wesentlichen und Ganzen gesehen – sein Gefüge nicht auf[12].

Dann aber geschieht etwas Neues. Der Mensch beginnt, die Natur in exakter Methodik zu erforschen. Er versteht sie nicht mehr nur fühlend und anschauend, erfaßt sie nicht nur symbolhaft und handwerklich – vielleicht muß man sogar sagen, daß er allmählich verlernt, ihr so gegenüberzutreten –, sondern löst sie experimentell und theoretisch auf. Er erkennt ihre Gesetze und lernt die Bedingungen zu schaffen, unter denen die Elementargegebenheiten unmittelbar die gewollten Wirkungen hervorbringen. So entstehen Funktionszusammenhänge, die in fortschreitendem Maße von der unmittelba-

---

[12] Das sind natürlich – ihr Wortlaut hat es ausgedrückt – Annäherungsaussagen. Auch in diesen Epochen gibt es Gebilde und Verhaltungsweisen, in denen das Gleichgewicht zerfällt. Es ist schwebend, immer wieder gefährdet – mythische Gestalten wie die des Ikarus drücken diese Gefahr aus. Trotzdem haben wir den geschilderten Eindruck, und er wird um so stärker, aus je »moderneren« Zuständen heraus wir zurückschauen.

ren menschlichen Organisation unabhängig sind, und denen mit steigender Beliebigkeit Ziele gesetzt werden können: die Technik.

Die Wissenschaft als rationale Erfassung des Wirklichen und die Technik als Inbegriff der durch die Wissenschaft ermöglichten Wirk-Anordnungen geben dem Dasein einen neuen Charakter: den der Macht bzw. der Herrschaft in einem, wenn man so sagen darf, akuten Sinn.

Die Natur wird immer tiefer aufgebrochen; ihre Energien werden immer reiner isoliert und durch eine immer genauere mathematisch-experimentelle Methode in Verfügung genommen.
Die Maschine wird zu ihrem eigentlichen Wesen entwickelt. Das Werkzeug bedeutete eine Verstärkung der natürlichen Leistungsfähigkeit menschlicher Glieder und Organe; die ersten Formen der Maschine könnten noch mit einem solchen Werkzeug verwechselt werden. Im Fortgang ihrer Entwicklung zeigt sich aber, daß sie etwas anderes ist, nämlich ein wissenschaftlich berechnetes und genau konstruiertes Funktionssystem, das sich vom Wirkzusammenhang des lebendigen Menschenkörpers immer mehr ablöst. Ihre absolute Form wäre jene, die sich selbst bediente, selbst regulierte und entstehende Schäden selbsttätig ausgliche. Wir sehen denn auch, daß die hergestellten Maschinen sich tatsächlich diesem Endziel nähern – wobei auf sich beruhen soll, bis zu welchem Maße es erreicht werden kann.
Die einzelnen Maschinen werden untereinander in Beziehung gebracht. Die Leistung der einen setzt die der anderen voraus und führt sie fort; so entsteht die Fabrik. Verschiedene Fabriken, oft technisch und wirtschaftlich zusammengeordnet, bilden einen Produktionsbereich. Dahinter zeichnet sich eine Planung der Maschinenarbeit überhaupt ab, welche die Industrie eines ganzen Landes als Einheit erscheinen läßt[13].

[13] Vgl. die systematische Einheit der deutschen Industrienormungen, oder die geographische des Tennessee-Tales.

Aus alledem entsteht eine Ordnung von Gebilden, die vom Menschen erdacht und geschaffen sind, sich aber nach Bau und Wirkung von der unmittelbar-menschlichen Organisation immer weiter entfernen. Sie gehorchen dem Willen des Menschen und verwirklichen die von ihm gesetzten Zwecke, gewinnen aber dabei eine eigentümliche Autonomie der Funktion und Weiterentwicklung.

Dieser Umformung von Leistungsvorgang und Leistungsergebnis entspricht eine solche des leistenden Menschen selbst. Es verschwindet, was die ganze voraufgehende Kultur trägt, das Handwerkliche. Im Maße sich die Maschine entwickelt, hört die unmittelbare Werkleistung, worin Auge, Hand, Zweckwille, Materialgefühl, Phantasie und Gestaltungskraft zusammengehen, auf. Produktionsprozeß und Produktionsergebnis werden den unmittelbaren seelisch-körperlichen Kräften und Maßstäben entzogen. Sie werden durch wissenschaftliche Erkenntnis und zweckgemäße Konstruktion begründet und vom mechanischen Prozeß geleistet.

Dadurch wird – unter bestimmten Rücksichten – der Mensch selbst dürftiger. Er verliert den Reichtum des persönlichen Schaffens; statt dessen stellt er sich darauf ein, Apparate zu erfinden, zu gebrauchen und zu bedienen. Während er aber diesen Apparaten immer beliebigere Aufgaben setzen und durch sie eine beständig wachsende Macht ausüben kann, paßt er ihnen seinerseits das eigene Wollen und Gestalten an, denn es gibt keine einseitige Wirkung. Das bedeutet, daß der Hervorbringende auf die individuelle Lebendigkeit des Werkes verzichtet und sich daran gewöhnt, nur hervorbringen zu wollen, was die Maschine erlaubt. Je weiter diese sich vervollkommnet, desto mehr verschwindet die Möglichkeit des individuellen Schaffens; damit verschwindet aber auch jenes Menschliche, das aktiv, mit Leib und Geist, im Hand-Werk lebt, und es entsteht der »Arbeiter«, der die Maschine bedient. Beim Gebrauchenden verschwindet jene persönliche Bezogenheit, die nur zum Handgeschaffenen möglich ist, und es entsteht der moderne Konsument, welchem durch

Serienproduktion, Reklame und Verkaufstechnik die Geschmacksmöglichkeiten vorgeschrieben werden. So sehr, daß er Wertungen und Ansprüche, denen nur echte Handarbeit genügen kann, als sinnlos oder als ästhetizistisch empfindet... Auf der anderen Seite wächst die in Wissenschaft und Technik sich entfaltende Leistung immer mehr; die Linien eines Gesamtwerkes ungeheurer Art deuten sich an, und damit die Verwirklichung ensprechender, bisher gebundener Möglichkeiten im Menschen selbst.

Wenn in fortschreitendem Maße die Natur durch den Menschen und sein Werk beherrscht wird, dann auch der Mensch selbst durch den anderen Menschen, der ihn einordnet; ebenso sein Werk durch das andere Werk, auf das hin es bezogen wird. Wobei zu bedenken ist, daß die Abnehmer des Werk-Ergebnisses, das heißt aber, alle Menschen, nun in diesem leben und dadurch ihrerseits einen beständigen Einfluß erfahren.

Ja die Folgen gehen noch weiter. Die dem vollen Durchbruch der Technik vorausgehende Kultur war dadurch charakterisiert, daß der Mensch das, was er theoretisch erkannte und handwerklich vollbrachte, auch persönlich erleben konnte. Erkenntnis- und Wirkfeld auf der einen, Erlebnisfeld auf der anderen Seite deckten sich in einem die Gesamthaltung bestimmenden Maße. Daraus kam die eigentümliche Harmonie, das »Organische«, das die vortechnische Kultur für unser Gefühl charakterisiert. Nun überschreitet die Möglichkeit des Erkennens und Wirkens immer mehr die des Erlebens. Es entsteht eine nicht mehr unmittelbar zu durchfühlende Denk-, Werk- und Handlungswelt, und der Mensch gewöhnt sich daran, sie für objektiv in sich selbst laufend zu halten. In der zu Eingang genannten Schrift habe ich für das Menschentum, das sich – sowohl als Wirkung, wie als Voraussetzung dieses Vorgangs – entfaltet, den Begriff des »nicht-humanen« Menschen vorgeschlagen. Ich kann hier nur wiederholen, daß ich weiß, wie mißverständlich der Ausdruck ist, aber keinen besseren finde. Er meint nicht den

un-menschlichen Menschen – der, wie ein Blick in die Geschichte zeigt, auch in der »humanen« Epoche möglich war –, sondern jenen, bei dem sich die vorher bestehende relative Übereinstimmung zwischen Erkenntnis- und Wirkfeld auf der einen und Erlebnisfeld auf der anderen Seite nicht mehr findet. Er existiert im Raum von Erkenntnis- und Wirkmöglichkeiten, welche die frühen Maße in entscheidender Weise überschritten haben[14]. Damit hängt aufs engste, als Ursache wie als Folge, eines der beunruhigendsten Symptome jener Umlagerung zusammen, welche die tägliche Erfahrung zeigt, das ist die »Sachlichkeit« des so entstehenden Menschen. Sie bedeutet einerseits Willen und Fähigkeit, sich ohne Rücksicht auf persönliche Empfindungen den jeweiligen Aufgaben zuzuwenden, die ja immer größer und gefährlicher werden; auch eine Scheu des immer mehr in der Öffentlichkeit stehenden modernen Menschen, tiefere Gefühle zu zeigen, ja auch nur sich entwickeln zu lassen. Sie bedeutet aber auch eine wachsende Unfähigkeit, zu fühlen; eine zunehmende Kälte des Herzens; eine Gleichgültigkeit im Verhältnis zum Menschen und zu den Dingen des Lebens. Charakteristisch ist denn auch der weithin für das echte Gefühl gefundene Ersatz: die Sensation; die wohl heftige, aber nur oberflächliche, im Augenblick packende, aber rasch verfliegende Erregung, die weder Fruchtbarkeit noch Dauer erzeugt[15].
Um das Vorausgegangene – ebenso wie das weiter Folgende – in den richtigen Zusammenhang zu bringen, ist eine Zwi-

---

[14] Um nur ein Beispiel zu nennen: Wenn jemand einen anderen mit irgendeiner Waffe niederschlägt, dann kann er die Tat unmittelbar durcherleben. Das wird ganz anders, wenn er in ferner Höhe im Flugzeug auf einen Knopf drückt, und unten Hunderttausend sterben. Dieses Tun hat er erkennen und herbeiführen können; er vermag es aber nicht mehr als Tat und Geschehnis zu durchleben. Das gilt, in Abwandlungen und Abstufungen, für vieles andere.
[15] Sie hat in Presse, Film und Rundfunk geradezu ihre Organe gefunden. Darin hat sie sich mit einer Sicherheit und Selbstverständlichkeit etabliert, die einen in wacheren Augenblicken ganz erschüttern können.

schenbemerkung nötig. Das soeben Dargelegte könnte den Eindruck erwecken, als werde der ganze Vorgang als Abstieg des Menschentums aufgefaßt. Eine heute weit verbreitete Beurteilung sieht ihn auch tatsächlich so an; dieser Beurteilung muß ich aber widersprechen.

Wer so denkt, setzt, oft sich selbst unbewußt, das Menschliche überhaupt mit dem Menschentum einer bestimmten, wenn auch langen Geschichtszeit gleich. Dazu verleitet ihn die Fülle und Qualität ihrer Erscheinungen; noch mehr die Tatsache, daß seine eigenen Bildungswurzeln in ihr liegen. Dabei unterlaufen ihm in der Regel bestimmte Fehler. Einmal übersieht er die auch im Vergangenen liegenden negativen Möglichkeiten. Wir haben der philosophischen Bestimmung der Macht nicht umsonst die theologische folgen lassen. Die innere Verstörung, von welcher die Offenbarung spricht, bezieht sich nicht auf bestimmte Epochen, sondern auf den Menschen überhaupt. Natürlich bedeutet es, christlich gesehen, einen Abstieg, wenn die Neuzeit sich als geschichtliche Gesamtgestalt von der Offenbarung entfernt, und es ist zu verstehen, daß die christliche Geschichtsbetrachtung mit besonderer Liebe auf dem Mittelalter ruht. Darüber darf aber nicht vergessen werden, daß die Unmittelbarkeit, mit welcher eine sozusagen offiziell christliche Zeit die Wahrheiten der Offenbarung auf die Weltprobleme anwendete, auch ihre Schattenseiten hat. Sie vergißt leicht, daß diese Wahrheiten durchaus nicht selbstverständlich sind, sondern ebensoviel Gericht wie Gnade bedeuten; daß ihre Erkenntnis wie ihre praktische Verwirklichung also eine beständige »*Metanoia*« voraussetzen. Geschieht diese nicht, dann entsteht eine Scheinchristlichkeit, welche die eigentliche Substanz des Lebens unberührt läßt... Abgesehen davon liegen aber auch in der vortechnischen Epoche alle Möglichkeiten des Unrechts und der Zerstörung; nur wirken sie sich innerhalb einer Gesamthaltung aus, die sie durch ihren organisch-harmonischen Grundcharakter harmloser erscheinen läßt, als jene der folgenden Zeit. Von da aus gesehen, bilden jene

Gefahren, welche in der Neuzeit hervorzutreten beginnen und in unserer Gegenwart dringlich werden, die Offenbarung von Möglichkeiten, welche schon immer wirksam waren.

Dann aber, und grundsätzlicher gefragt: wenn man den Maßstab des »Menschlichen« aufstellt – was meint man damit? Er kann den Inbegriff der Möglichkeiten meinen, die überhaupt im Menschen liegen; also der verschiedenen Weisen, wie er zur Welt in Beziehung treten, der Aufgaben, vor die er kommen, und der Leistungen, durch die er sie erfüllen kann. Der im Vergangenen Beheimatete neigt aber dazu, diese Möglichkeiten auf jene zu beschränken, welche bis zu irgendeinem Punkt der Vergangenheit – dem Mittelalter, oder dem Anbruch der Neuzeit, oder der deutschen Klassik, oder dem ersten Weltkrieg – hervorgetreten sind. Ebenso neigt er dazu, die Vorbedingungen für heiles und würdiges menschliches Dasein mit den Normen gleichzusetzen, welche der betreffenden bevorzugten Epoche zugeordnet sind. Dann wird das Spätere notwendig als Abfall vom Eigentlich-Menschlichen gesehen, wie das besonders im humanistischen Anschauungsbereich immer wieder geschieht.

Damit wird aber der Begriff des Menschen zu eng genommen. Es gehört zu dessen Wesen, daß er die Grenzen des Organisch-Harmonischen überschreiten kann; und er ist, wenn er so tut, nicht weniger »Mensch«, als wie er noch vor diesem Überschritt stand. Natürlich treten dann die Gefährdungen, von denen die Rede war, viel stärker und unverhüllter hervor, sodaß der Mensch geschichtlich in die eigentliche und offenbare Krise seines Menschentums tritt. »Krise« bedeutet aber immer Entscheidung zwischen negativen und positiven Möglichkeiten, und die wesentliche Frage besteht darin, wie diese Entscheidung fällt. Entsteht angesichts dieser Krise der Eindruck, daß die Gefahren des Negativen, des Unrechts und der Zerstörung aufs höchste ansteigen, so ist das nur dem Grade, nicht dem Wesen nach etwas Neues. Sie liegen im Menschen einfachhin, nicht nur in dem der kommenden Zeit; und die richtige Stellungnahme kann nur die sein, die gegebene Situation anzunehmen und sie, gestützt auf die reinsten Kräfte des Geistes und der Gnade, von innen heraus zu bewältigen. Sollte das mißlingen, dann bedeutet das nicht, unsere Epoche sei als solche schon Abfall und Verfall, sondern es wird offenbar, daß der Mensch zu jeder Zeit im Abfall und Verfall steht und der Erlösung bedarf, was aber in bestimmten Zeiten und durch bestimmte Umstände mehr verhüllt sein kann als in anderen.

Das Gesagte will das, was heute geschieht und künftig geschehen wird, ganz gewiß nicht einfachhin bejahen. Es erhebt nur Einspruch dagegen, daß das Menschentum einer zu Ende gehenden Zeit mit dem Menschlichen überhaupt gleichgesetzt, und jene Möglichkeiten der Zerstörung, die sich heute zeigen, der neuen Epoche allein zu Lasten geschrieben werden. Das wäre jene Art von Pessimismus, die von vornherein den Kampf auf die Niederlage hin entscheidet.

Kehren wir zurück... Der Auflösung des organischen Schaffens entspricht eine andere: die der gewachsenen menschlichen Lebensgefüge. Die Familie verliert ihre gliedernde und ordnende Bedeutung. Gemeinde, Stadt, Staat werden immer weniger von Familien, Verwandtschaften, Arbeitsgruppen, Ständen usw. getragen. Immer mehr erscheinen die Menschen als eine in sich gestaltlose Vielheit, die zweckhaft organisiert wird.

Das wird durch die Zahl der Bevölkerung bedingt, die ja in einer gegen früher ganz unverhältnismäßigen Weise gestiegen ist. Diese Zunahme wird durch Wissenschaft und Technik selbst herbeigeführt: Naturkatastrophen werden verhütet bzw. leichter bewältigt; Krankheiten werden sicherer und gründlicher behoben; Hygiene, Werkorganisation und Sozialfürsorge schaffen bessere Lebens- und Arbeitsbedingungen usw. Die Zunahme der Bevölkerung scheint aber auch mit einer Verminderung ihrer Originalität zusammenzuhängen. Im Maße die Bevölkerung steigt, werden die Individuen gleichförmiger; aus wirklicher Tradition lebende Familien seltener; die Möglichkeiten individuell geformter Existenz geringer. Die neuen Städte gleichen einander immer mehr, ob sie nun in Europa oder in China, in Nordamerika, Rußland oder Südamerika entstehen. Ein Typus Mensch bildet sich, der aus dem Augenblick lebt, einen beängstigenden Charakter beliebiger Vertretbarkeit bekommt und dem Zugriff der Macht bereitsteht.

Damit kommen wir zum modernen Staat, der einen den soeben gezeichneten Momenten entsprechenden Charakter hat. Auch er verliert die organischen Bindungen und wird immer mehr zu einem System beherrschender Funktionen. Der lebendige Mensch tritt zurück; die Apparatur dringt vor. Eine immer weiter sich verfeinernde Technik der Bestandsaufnahme, organisatorischen »Erfassung« und behörlichen Verwaltung – hemmungslos ausgedrückt: eine immer schärfer ausgebildete »Menschenbewirtschaftung« neigt dazu, mit den Menschen in der gleichen Weise umzugehen, wie die Maschine mit den Stoffen, aus denen sie ihre Produkte herstellt. Die Gegenwehr der vergewaltigten Personen wird dabei vom »Beamtenapparat« als Störung empfunden, die durch genauere Methoden und härteren Zwang zu überwinden ist.

Was endlich die Völker angeht, so bleiben sie wohl fürs erste jene großen, landschaftlich, rassenmäßig und kulturell bestimmten menschlichen Gruppen, die im Staat geschichtsfähig werden. Wähend sie aber früher den Eindruck unverwechselbarer Gesamtindividuen machten, nähern sie sich nun einander immer mehr an. Die gegenseitigen wirtschaftlichen und politischen Abhängigkeiten werden größer, Kleidung und Lebensweise ähnlicher. Die Struktur- und Verfahrensformen der Staaten können weithin ausgewechselt werden. Dieser Ausgleichung der Volks- und Staatsindividualitäten scheint das Phänomen des neuzeitlichen Nationalismus

zu widersprechen, das sich in scharfem Gegensatz zur Einheit des mittelalterlichen Abendlandes entwickelt hat. Diese war aber vom Geiste und vom Glauben her geschaffen und ließ dem Leben der Völker seine Freiheit; die Einebnung der Neuzeit hingegen kommt aus der Rationalität der Wissenschaft und der Funktionalität der Technik. Von daher erscheint der moderne Nationalismus wie ein letzter Versuch der Völker, sich gegen die Aufsaugung durch ein formales System zu wehren, der aber verschwinden und anderen, abstrakteren Machtprinzipien weichen wird.
Überschauen wir dieses Ganze, so gewinnen wir den Eindruck, daß sowohl die Natur wie der Mensch selbst dem beherrschenden Zugriff der Macht – der wirtschaftlichen, technischen, organisatorischen, staatlichen – immer mehr zur Verfügung kommen. Immer deutlicher zeichnet sich ein Zustand ab, in welchem der Mensch die Natur, aber zugleich der Mensch den Menschen, der Staat das Volk, das in sich laufende technisch-wirtschaftlich-staatliche System das Leben in der Gewalt hält.

Dieser Charakter des Bereitgestelltseins wird dadurch erhöht, daß die ethischen Normen an unmittelbarer Einsichtigkeit verlieren, und damit ihr den Machtgebrauch mäßigender Einfluß abnimmt.
Ethische Normen gelten aus ihrer inneren Wahrheit; geschichtlich wirksam werden sie aber dadurch, daß sie sich in lebendigen Instinkten, in Tendenzen der Seele, in gesellschaftlichen Strukturen, in kulturellen Gestaltungen und geschichtlichen Traditionen verwurzeln. Der Vorgang, von welchem gesprochen wurde, zerstört die alten Verwurzelungen. An ihre Stelle treten – zunächst wenigstens – mechanisch-formale Ordnungen: alles das, was »Organisation« heißt. Organisation allein schafft aber kein Ethos.
So nimmt die Bedeutung der ethischen Normen auf das allgemeine Leben ab und wird von Gesichtspunkten der Wirkung und des Erfolges ersetzt. Das gilt besonders von

jenen Normen, welche die menschliche Person schützen. Dafür nur ein Beispiel. Vor noch gar nicht sehr langer Zeit galt es noch als Frevel, eine Leiche zu sezieren; wesentlicherweise nicht deshalb, weil, wie die Selbstverherrlichung der Neuzeit meint, das Mittelalter rückständig gewesen wäre, sondern weil auf der Leiche noch ein Schauer althergebrachter Ehrfurcht lag. Von dorther ermessen wir die furchtbare Geschwindigkeit, mit welcher eine Gefühlsschranke nach der anderen niedergebrochen ist. Was ist für das durchschnittliche Empfinden am Menschen noch unantastbar? Ist das Experiment am lebendigen Menschen nicht geübt worden? War die Praxis in manchen »medizinischen« Instituten der Konzentrationslager etwas anderes als Vivisektion? Was bedeutet der Zusammenhang, der von der Empfängniskontrolle zur Unterbrechung der Schwangerschaft, von der künstlichen Befruchtung zur Euthanasie, von der Rassenzüchtung zur Vernichtung unerwünschen Lebens führt? Was darf man dem Menschen nicht antun, wenn mit »man« jener Durchschnitt gemeint ist, wie er sich im Alltagsgespräch, in Zeitung, Kino und Rundfunk, in der Literatur und, nicht zuletzt, im Verhalten solcher ankündigt, welche Macht ausüben: von Staatsmännern, Gesetzgebern, Militärs, Wirtschaftsführern?

Dieses Verschwinden der unmittelbar wirksamen ethischen Bindungen ist es, was den Menschen endgültig an die Macht ausliefert. Niemals hätte er in der von uns durchlebten Vergangenheit so erniedrigt werden können, wie es geschehen ist; niemals könnte er in der anderswo gelebten Gegenwart so mißbraucht werden, wie es immer weiter geschieht, wenn das sittliche Gefühl ihn nicht derart preisgegeben hätte – auch das Gefühl des einzelnen Menschen für sein eigenes personales Sein. Im Lebendigen – es wurde schon mehrfach bemerkt – gibt es keine einseitigen Ursächlichkeiten. Ein Wesen wirkt auf das andere, indem dieses die Wirkung ermöglicht, ja ihr Zustandekommen mit herbeiführt. Der Ausübung von Herrschaft entspricht, auf die Dauer und im

Durchschnitt gesehen, im Beherrschten nicht nur ein passives Geschehenlassen, sondern auch ein Wille, beherrscht zu werden, denn das entlastet ihn von Verantwortung und Anstrengung. Im Ganzen gesehen, geschieht dem Beherrschten, was er selbst will. In seinem eigenen Innern müssen die Schranken der Selbstachtung und Selbstbewahrung fallen, wenn die Macht ihm Gewalt antun soll.

Noch ein Weiteres kommt hinzu: der unmittelbar religiöse Inhalt des Lebens zerrinnt immer mehr. Damit ist nicht gemeint, daß der christliche Glaube an Einfluß auf die allgemeinen Zustände verliert – was natürlich auch der Fall ist –, sondern etwas Elementareres: daß die unmittelbare religiöse Wertigkeit des Daseins abnimmt.
In den frühen Zeiten ist alles religiös bestimmt. Alle für das Leben und das Werk des Menschen bedeutungsvollen Dinge haben eine religiöse Wurzel und sind von dorther gewährleistet. Die Maße, mit denen gemessen, und das Geld, mit dem bezahlt wird; Werkzeuge und Waffen; die Schwelle des Hauses und die Grenze des Ackers; die Lage der Stadt wie ihre Formung durch den Platz in der Mitte und die Mauern um sie her; die Naturdinge mit ihrer Bedeutung für den Menschen und die Tiere, nach denen er jagt – alles das kommt aus dem Göttlichen und hat geheimnishafte Mächtigkeit. Im Maße das kritische Denken durchdringt, der Mensch Herr über die Natur wird, die Eigensinnigkeit der verschiedenen Nauturbereiche sich heraushebt, nimmt das Bewußtsein davon ab[16]. Der neuzeitliche Mensch löst sich nicht nur aus

---

[16] Auch das Christentum trägt zur Brechung des unmittelbar-religiösen Daseinsgehaltes bei. Dessen Mächtigkeit hatte den Menschen überwältigt, ihm die Welt als das Göttliche einfachhin erscheinen lassen und ihn so in sie hineingebannt. Diesen Bann durchbricht die Offenbarung, indem sie einen Gott verkündet, welcher, selbst souverän, die Welt geschaffen hat und sie richten wird. Dadurch wird die natürlich-religiöse Erfahrung des Seins, die ja eine Sache der Veranlagung wie der geistesgeschichtlichen Entwicklung ist, nicht aufgehoben, sondern sie wirkt weiter; nur daß sie jetzt vom Gott der Offenbarung her gereinigt, geordnet und in die verschiedenen Formen

Gemeinschaft und Tradition, sondern auch aus den religiösen Zusammenhängen. Er wird nicht nur gleichgültig gegen das vorher maßgebende christliche Bekenntnis, sondern auch skeptisch gegen alles Religiöse überhaupt. Die Dinge werden »weltlich« – wobei das Wort »Welt« selbst nicht mehr im alten, religiös erfüllten, sondern in einem neuen, profanen Sinne genommen ist und den Inbegriff der rational begreifbaren und technisch beherrschbaren Dinge, Kräfte und Vorgänge meint. Das aber bedeutet, daß sowohl der Mensch im allgemeinen, wie auch wichtige Einzelmomente seines Lebens – etwa die Wehrlosigkeit des Kindes, der besondere Charakter der Frau, die Schwäche und zugleich Erfahrungsfülle des Alters – ihren metaphysischen Akzent verlieren. Die Geburt ist nur noch das Entstehen eines Individuums der Spezies Mensch; die Eheschließung ein Zusammengehen von Mann und Weib mit bestimmten persönlichen und rechtlichen Folgen; der Tod der Abschluß eines Gesamtvorganges, welcher »Leben« heißt. Glück wie Unglück sind nicht mehr Fügungen, sondern günstige bzw. ungünstige Vorfälle, mit denen man fertig werden muß. Die Dinge verlieren ihr Geheimnis und werden zu berechenbaren Gebilden mit bestimmten wirtschaftlichen, hygienischen, ästhetischen Werten. Die Geschichte ist kein Führungszusammenhang mehr, von Weisheit und Huld bestimmt, sondern eine Folge von empirischen Vorgängen. Der Staat vertritt nicht mehr die

des Kultes und des Brauchtums geleitet wird. Es ist aber klar, daß der Vorgang als Ernüchterung wirkt. So ist, im Sinne des unmittelbaren religiösen Weltverhältnisses, der Christ – wie vorher der Gläubige des Alten Bundes – viel weniger »fromm«, als es der einstige Heide war. Hier liegt der Ansatzpunkt für die paradoxe Anklage auf Gottlosigkeit, welche vom heidnischen Staat gegen die Christen erhoben wurde. Unter veränderten Voraussetzungen entspricht ihr heute die Anklage auf »Staatsfeindschaft«, welche seit der Zeit der Reformation und des entstehenden Nationalstaates gegen die Kirche gerichtet wird. Ihre letzte Abwandlung ist die Anklage auf »Sabotage«, der im totalitären Staat jeder Gläubige als solcher ausgesetzt ist. Es wäre nützlich, Wesen und Wandlung dieser Anklage vom Scheinprozeß gegen Christus an bis heute zu verfolgen.

göttliche Majestät, sondern ist, wie die sinnlose Formel sagt, »von Volkes Gnaden«; ohne Mißbrauch verlassener religiöser Werte ausgedrückt: die Selbstorganisation des Volkes, die sich dann auf Grund psychologischer und soziologischer Gesetze verselbständigt und dieses Volk beherrscht... Alles das verstärkt nicht nur, sondern besiegelt jene Wirkung, von der wir gesprochen haben: der Mensch kommt, mit allem, was er ist und hat, dem Zugriff der Macht zur Verfügung.

Aus dem Gesagten tritt eine Idee hervor, deren Tragweite gar nicht groß genug gesehen werden kann: die der universellen Planung.
In ihr überschaut der Mensch das Gegebene: Stoffe und Energien der Natur, aber auch den Menschen selbst in seinem lebendigen Bestand. Die Statistik gibt eine genaue Kenntnis dessen, was vorhanden ist. Die Theorie zeigt die Mittel seiner Gestaltbarkeit. Die Staatsraison entscheidet, was für ein Gesamtergebnis erzielt werden soll. Die Technik – das Wort im weitesten Sinne genommen – stellt die Methoden zur Verfügung, um sie zu erreichen.
Diese Planung wird durch gewichtige Gründe nahegelegt: politische Notwendigkeiten, Vermehrung der Bewohnerzahl, Begrenztheit der Wirtschaftsgüter und Erfordernisse richtiger Verteilung, Größe der zu bewältigenden Werkaufgaben usw. Hinter dem Ganzen aber stehen nicht praktische, sondern geistige Antriebe: eine Gesinnung, welche sich berechtigt und verpflichtet fühlt, das Ziel des Menschenwerkes zu setzen und dafür alles Gegebene als Material zu nehmen.

Das neue Welt- und Menschenbild

I

Im Zusammenhang mit diesen Erwägungen erhebt sich die Frage, worum es bei alledem letztlich gehe?
Die übliche Antwort sagt: Durch die immer tiefer eindringende Wissenschaft und die immer wirksamer werdende Technik steigt die Verfügungsgewalt des Menschen über das Gegebene. Das ist gleichbedeutend mit Sicherheit, Nutzen, Wohlfahrt, Fortschritt. Der Mensch wird vor den Gefahren für Leben und Gesundheit besser geschützt; er muß weniger arbeiten; seine Lebenhaltung hebt sich; er gewinnt neue Entfaltungsmöglichkeiten persönlicher und werklicher Art; er kann sich geringerer Tätigkeiten zu Gunsten höher stehender entledigen und so ein immer reicheres Leben haben und so fort.
Daß das im Einzelnen zutrifft, liegt auf der Hand. Es ist ein zweifelloser Gewinn, wenn soziale Spannungen leichter erkannt und überwunden werden, die Versorgung mit Nahrungsmitteln regelmäßiger vor sich geht; weite Entfernungen schneller zurückzulegen sind usw. Wie sehen die Dinge aber aus, wenn man auf das Ganze blickt?
Kein vernünftiger Mensch wird an der Bedeutung der medizinischen Errungenschaften zweifeln. Er braucht nur selbst krank zu werden, oder sich um einen leidenden Menschen zu sorgen, um sich sofort klar zu sein. Im Bereich der Medizin hängt aber – wie in jedem Kulturbereich – immer ein Moment mit dem anderen, und jedes Einzelne mit dem Ganzen zusammen. Wenn wir nun dieses Ganze ins Auge fassen, bestehend aus: medizinischer Wissenschaft, hygienischer und therapeutischer Technik, pharmazeutischer Industrie, Versicherungs- und Kassenwesen; nicht zu vergessen die

Einstellung des neuzeitlichen Menschen, als Patient wie als Arzt, zu Gesundheit und Krankheit; wenn wir weiter bedenken, daß dieser ungeheure Apparat sich auf den lebendigen Menschen richtet und in der verschiedensten Weise auf ihn einwirkt, was zugleich bedeutet, daß dieser seinerseits sich in jenen einpaßt – kommt dann wirklich ein Plus heraus? Oder wird nicht, um nur eines zu nennen, das in Gefahr gebracht, was trotz exakter Erkenntnisse und Methoden eben doch die Grundlage alles Heilseins und Heilwerdens ist, nämlich der innere Gesundheitswille, die vitale Zuversicht, die Instinktsicherheit und Erneuerungsfähigkeit des lebendigen Menschen?

Oder: Es liegt auf der Hand, welche Vorteile ein gut durchdachtes und zuverlässig arbeitendes Versicherungswesen bietet. Krankheit, Arbeitslosigkeit, Naturschaden, Alter usw. verlieren ein gutes Teil ihrer Schwere, wenn man das materiell Notwendige gesichert weiß. Denken wir uns aber das Ziel der Versicherungsbemühungen erreicht, und eine Organisation geschaffen, die alle Staatsangehörigen erfaßt und alle Möglichkeiten der Hilfsbedürftigkeit berücksichtigt – was wird, auf die Dauer und für den Durchschnitt, in einem solchen System aus Gewissenhaftigkeit und Besonnenheit, aus Selbständigkeit und Charakter, aus Vertrauen ins Leben und Bereitschaft für das Kommende? Wird ein solches System der automatischen Vorsorge nicht zugleich als System der Entmündigung wirken? Wird der Zusammenhang mit dem, was Führung, Schicksal, Vorsehung heißt, nicht immer mehr schwinden?

Oder: Wenn der Verkehr rascher und vollständiger vor sich geht – wird dadurch wirklich Zeit gewonnen? Es würde geschehen, wenn der Mensch mehr Muße fände und ruhiger würde. Geschieht das aber? Zeigt sich nicht, daß er nur immer gejagter wird? Hat die Zeitersparnis durch schnelleren Verkehr nicht in Wahrheit die Wirkung, daß er immer mehr in die Zeit hineinstopft? Wenn aber der Mensch wirklich freie Zeit gewinnt – was tut er damit! Löst er sich aus dem

Gedränge? Oder wirft er sich in immer gehäufteres Vergnügen, treibt sinnlosen Sport, liest, hört, sieht unnützes Zeug, sodaß die entleerende Hetze in anderer Form weitergeht, und die Theorie vom reicheren Leben sich als Selbsttäuschung entlarvt?

Man könnte an den verschiedensten Stellen ansetzen und würde immer zu dem Ergebnis gelangen, daß die eigentliche Rechtfertigung des kulturellen Strebens nicht in einem wie immer gefaßten Nutzen liegen kann, weil dieses ganze Erkennen, Arbeiten, Gestalten für den Menschen auch eine stets tiefer greifende Gefährdung mit sich bringt. Kulturell leben heißt letztlich, aus der Entscheidung des Geistes leben; das aber bedeutet, je größer die Verfügungsgewalt über die Welt wird, auf desto größeres Wagnis hin zu leben.

Wo liegt also das eigentlich Treibende?
Schaut man in die Motive, aus denen das Handeln der Menschen entspringt, und in das Spiel der Kräfte, welche die geschichtlichen Entscheidungen bestimmen, so sieht man überall einen Grundwillen am Werk: den nach Herrschaft. Größe und Tragik, Freude und Leid des Menschen wurzeln zutiefst hier. Herrschen zu können, ist Wesensbestimmung des Menschen von der Schöpfung her. Herrschen zu dürfen, ist göttliche Gewährung. Herrschen zu sollen, ist Auftrag. Es weiterhin zu müssen, nachdem der Fall geschehen, ist Verhängnis und beständige schwere Erprobung.

Wie verwirklicht sich aber, aufs Ganze gesehen, diese Herrschaft? Der Mensch will die Welt erkennen, um sie in neuer Form hervorzubringen. Das ist der Sinn des kulturellen Schaffens, und seine Verwirklichung führt durch immer größere Gefahr.

Dieser Hervorbringung liegt ein Bild zu Grunde, in welchem der Mensch das Wesen der Dinge, sein eigenes Sein, den Sinn des Lebens auszudrücken versucht. Worum es in dem Herrschaftsstreben, von welchem die Rede war, geht, ist die Verwirklichung eines neuen Weltbildes.

Es ist immer schwer, über etwas zu sprechen, das noch ganz im Anfang liegt; aber vielleicht zeichnen sich doch einige Züge ab. Das antike Weltbild – wir sprachen bereits davon – suchte die in sich ruhende Harmonie eines göttlich empfundenen Universums auszudrücken, das im edlen Menschen gewährleistet war. Das Mittelalter wollte das Dasein von einem über ihm liegenden Punkt der Autorität und heiligen Macht her ordnen. Die Neuzeit suchte durch rationale Erkenntnis und exakte Technik Macht über die Natur zu erringen. Worum geht es im kommenden Weltbild? Während die Macht weiter steigt, ja eine – soweit man geschichtlichen Zusammenhängen gegenüber dergleichen sagen kann – definitive Form erreicht, tritt zugleich ihr Charakter als Gefahr ins Bewußtsein, und als Sinnkern des kommenden Weltbildes erscheint die Bändigung der Macht selbst.

II

So müssen wir uns vor allem eine Vorstellung von dieser Gefahr zu bilden suchen[17].
Immer vollständiger kann der Mensch über die Dinge wie über den Menschen selbst verfügen. Wie wird er das aber tun? Der Gebrauch seiner Macht geschieht aus der Freiheit. Diese selbst ist durch die Gesinnung des Menschen bestimmt. Wie ist aber der heutige Mensch gesinnt? In welcher Weise fühlt er seine Verantwortung?
In einer kürzlich versuchten Analyse unserer Situation steht der beunruhigende Satz: »Die Krise unserer Zeit und unserer Welt [scheint]...einem Ereignis zuzueilen...das von uns aus gesehen nur mit dem Ausdruck »globale Katastrophe«

---

[17] Dazu S. 75 ff.

umschrieben werden kann...wir wollen uns...darüber im Klaren sein, daß uns bis zu jenem Ereignis nur noch einige Jahrzehnte verbleiben. Diese Frist ist durch die Zunahme der technischen Möglichkeiten bestimmt, die in einem exakten Verhältnis zu der Abnahme des menschlichen Verantwortungsbewußtseins steht.« Natürlich ist solchen Sätzen gegenüber Zurückhaltung geboten; macht aber die Haltung der Menschen, die wir kennen – jeder von uns in seinem Bereich – den Eindruck, daß sie sich für das Geschehen überhaupt verantwortlich fühlen? Daß diese Verantwortung ihr berufliches wie privates Handeln beeinflußt? Macht das Verhalten jener Stellen, welche die öffentlichen Vorgänge lenken, den Eindruck, daß sie wissen, worum es letztlich geht, und dieses Wissen ihr Tun bestimmt? Ist das Maß der verfügbaren Macht durch eine entsprechende Einsicht in den Sinn des menschlichen Daseins, eine gemäße Entschiedenheit der sittlichen Stellungnahme, eine ebenbürtige Kraft des Charakters gesichert? Gibt es eine aus wirklicher Fühlung mit dem Phänomen aufgebaute Ethik der Macht? Wird der junge und, seinen Voraussetzungen entsprechend, der erwachsene Mensch zum richtigen Gebrauch der Macht erzogen? Bildet diese Erziehung einen festen Bestandteil unserer individuellen wie auch öffentlichen Menschenbildung?

Ich fürchte, wenn die Antwort auf diese Fragen ehrlich gegeben wird, lautet sie sehr beunruhigend. Weithin hat man den Eindruck, daß die Allgemeinheit nicht weiß, worum es geht. Wenn sie es aber weiß, daß sie sich ganz im Unklaren darüber befindet, was zu tun ist und, aufs Ganze gesehen, die Dinge gehen läßt, wie sie gehen wollen.

Wo liegen die Gefahren, um die es sich eigentlich handelt?

Da ist vor allem die am deutlichsten hervortretende der gewaltsamen Zerstörung, des Krieges also. Es scheint immer noch Menschen zu geben, die auf ihn Hoffnungen setzen. Die Zerstörungen an Menschenleben und Leistungskraft, an wirtschaftlichen Gütern und kulturellem Besitz, die ein neuer

Krieg verursachen würde, übersteigen jede Schätzung[18]. Noch furchtbarer wären aber die inneren. Was es noch an geistig-sittlicher Ordnung, an Ehrfurcht vor dem Menschen, an Charakterkraft und Sicherheit des Herzens gibt, würde zerfallen. Das Ergebnis würde auf eine lange Zeit hinaus eine Haltung sein, die nur noch an List und Gewalt glaubt: die Vollendung dessen, was Nihilismus heißt. Und das auch bei den Siegenden – soweit dieser Begriff, der selbst aus einer vergehenden Ordnung stammt, noch einen Sinn hätte, und man nicht nur, wie es ja bereits geschehen ist, von Überlebenden reden müßte, weil jeder künftige Krieg universeller Natur sein und das Ganze der Menschheit betreffen würde[19]. Nicht so unmittelbar zu fassen, aber überall drohend ist eine andere Gefahr. Der Mensch bekommt immer mehr Macht über den Menschen selbst, vermag ihn körperlich, seelisch, geistig immer tiefer zu beeinflussen – nach welcher Richtung hin wird er es aber tun?

Eine der furchtbarsten Lehren für jene, deren Bildungswurzeln noch vor dem ersten Krieg lagen, war, daß der Geist im konkreten Dasein viel schwächer ist, als sie gedacht hatten. Sie waren der Meinung gewesen, er sei, unmittelbar und als solcher, stärker als Gewalt und List. Das hatte sich in Sätzen ausgedrückt, wie: »man kann den Geist nicht unterdrücken«…»die Wahrheit setzt sich durch«…»am Ende siegt doch das Echte«…und so fort. An diesen Sätzen waren zum mindesten die idealistische Unmittelbarkeit und Sicherheit falsch. Die sie vertreten hatten, haben lernen müssen, wie weit die Macht des Staates und der öffentlichen Lebensorga-

---

[18] »Wenige Stunden vor der Eröffnung der Konferenz über den japanischen Friedensvertrag hat Präsident Truman am Dienstag in San Franzisko bekanntgegeben, daß die Vereinigten Staaten über neue Waffen verfügten, deren Zerstörungskraft die der Atombombe überträfen. Diese Waffen könnten im Falle eines allgemeinen Krieges die Zivilisation auslöschen.« (Frkf. Allg. Ztg., D-Ausg. v. 6. Sept. 51) Natürlich wird man den taktischen Zweck einer solchen Äußerung nicht übersehen. Immerhin die Äußerung des Staatsmannes, der letztlich die Initiative des Westens bestimmt.
[19] Dazu Guardini: »Auf der Suche nach dem Frieden«, Hochland, 41. Jahrg., 2. Heft.

nisation reicht, und bis zu welch erschreckendem Maße es möglich ist, den Geist zu lähmen, die Person zu entmutigen, die Maßstäbe des Gültigen und Richtigen zu verwirren.
Wie ist es denn gewesen? Welcher Wert, den die Neuzeit gegenüber einem angeblich so dunklen Mittelalter glaubte gesichert zu haben, ist nicht verneint worden? Was von all den Errungenschaften der Kultur ist heil geblieben? Würde der Wahrheit und Hoheit des Rechts; Ehre des Menschen; Unantastbarkeit seines körperlichen und geistigen Seins; Freiheit der Person und des Werkes; Recht der Überzeugung und der Meinungsäußerung; Zuverlässigkeit des Beamten, nicht nur in der Ausführung des Auftrags, sondern auch in der Erfüllung der sachlichen Aufgaben; Unabhängigkeit der ihrem Sinn verantwortlichen Wissenschaft, Kunst, Erziehung, ärztlichen Tätigkeit – was von alledem hat man nicht zerstört? Sind Gewalt und Lüge nicht zur festen Haltung geworden? Und machen wir uns keine Illusionen: es ist nicht nur in der Form einer vorübergehenden Verwirrung geschehen, sondern in der eines nach allen Seiten hin durchgearbeiteten theoretischen und praktischen Systems[20].

---

[20] Ein Gesichtspunkt zur Erwägung: Kann der Geist erkranken? Nicht nur seine physiologischen Organe, Gehirn und Nervensystem; auch nicht nur die psychologische Ordnung, Triebauswirkung und Vorstellungsablauf, sondern der Geist selbst und als solcher? Worin vollzieht sich das Leben des Geistes? Das haben schon Platon und später, aus der Fülle der Offenbarung heraus, Augustinus klargelegt: in seinem Verhältnis zur Wahrheit, zum Guten und zum Heiligen. Er ist lebendig und gesund durch Erkenntnis, Gerechtigkeit, Liebe und Anbetung; das alles nicht allegorisch, sondern ganz genau gemeint. Was geschieht also, wenn jenes Verhältnis gestört wird? Dann erkrankt der Geist. Nicht schon, wenn er irrt, oder lügt, oder Unrecht tut; es ist schwer, zu sagen, wie oft das geschehen muß, damit jene Erblindung in allem Scharfsinn, jene Verstörung in aller Tüchtigkeit eintreten, durch welche der Geist selbst sich als krank erweist. Ganz gewiß geschieht das aber, sobald die Wahrheit als solche ihre Bedeutung verliert; der Erfolg an die Stelle des Rechten und Guten tritt; das Heilige nicht mehr empfunden, noch auch nur vermißt wird. Was sich da zuträgt, geht nicht mehr die Psychologie, sondern die Geisteslehre an; und was da wirken kann, sind keine therapeutischen Maßnahmen, sondern nur die Sinnesumkehr, die *Metanoia*... Was bedeuten aber, unter diesem Gesichtspunkt, die zwölf Jahre in Deutschland, und die nun schon vierunddreißig im Osten?

Das eine Experiment hat sich durch zwölf Jahre hin fortgesetzt, und was es zum Scheitern gebracht hat, ist nicht von innen, sondern von außen gekommen. Das andere dauert schon über dreißig Jahre und entwickelt sich immer weiter. Unterschätzen wir die geschichtliche Kraft solcher Experimente nicht – um so weniger, als in der ganzen Struktur unseres heutigen Lebens, seiner Rationalisierung und Mechanisierung, seiner Technik der Meinungslenkung wie seiner pädagogischen Möglichkeiten ein beständiger Anreiz liegt, sie nachzuahmen. Dieser Anreiz kann wirken, auch wenn die ausdrücklich bekannten Ideen ihm widersprechen; denn meistens ist es der Feind, der die Methoden diktiert, und Methoden sind oft stärker als Ideen.

Eine dritte Gefahr ist die Wirkung, welche die Macht als solche, die Gewalt, auf das Dasein ausübt. Es gibt Dinge, die ohne weiteres mit rational geordneter Macht bewältigt werden können: alles das, was mit der leblosen Natur geschieht. Schon beim Lebendigen liegt die Sache anders; um es zu formen, bedarf es der Intuition und des Feingefühls. Menschliche Dinge vollends – alles das, was Erziehung, Fürsorge, öffentliche Ordnung, Aufbau der Kultur heißt – müssen, um menschlich zu bleiben und geistig zu gelingen, durch die personale Mitte gehen. Was mit der Wahrheit, dem Guten und Rechten zusammenhängt, verwirklicht sich nur durch lebendige Aneignung, echte Überzeugung, inneres Einstehen. Das wiederum verlangt Ehrfurcht, Ermutigung, Geduld. Der Wirkende muß in den Bereich der Freiheit eintreten, die Initiative lösen, die schöpferischen Zentren wecken. Er muß die Impulse des Lebendigen mitvollziehen und seine Umwege gewähren lassen.
Je größer die Macht, desto stärker die Versuchung, den leichten Weg, nämlich den der Gewalt zu gehen. Die Person und ihre Freiheit, die Existentialität der Wahrheit, die Ursprünglichkeit des Schaffens »auszuschalten« und das Gewollte zu erzwingen; was aber nicht zu erzwingen ist, als

unwertig hinzustellen. Also eine Kultur aufzubauen, welche nur rational und technisch begründet ist. Dazu muß aber der Mensch selbst so gesehen sein, daß er »erfaßt«, »bewirtschaftet«, »eingesetzt«, ja schon von vornherein auf Zwecke hin geformt werden kann[21]. Nicht nur physisch, sondern auch psychisch; denken wir an all die Mittel der Suggestion, der Propaganda, der Aussagenbeeinflussung. Ja sogar spirituell, sobald Dialektik und Diskussionstechnik, Formung des Geschichts- und des Lebensbildes, die ganze Perspektivierung des Daseins nicht in Ehrfurcht vor der Wahrheit, sondern auf Zwecke hin geschehen und damit das Eigentlich-Geistige, das Gegenüber des schauenden und urteilenden Menschen zum Gültigen verschwindet.

Endlich eine vierte Gefahr: jene, welche die Macht für jenen selbst bildet, der sie gebraucht. Es gibt nichts, was die Reinheit des Charakters und die höheren Qualitäten der Seele derart in Frage stellte wie sie. Im Besitz einer Macht zu sein, die nicht durch sittliche Verantwortung bestimmt und durch Ehrfurcht vor der Person gebändigt ist, bedeutet Zerstörung des Menschlichen einfachhin.
Die Antike war sich dieser Gefahr sehr bewußt. Sie sah die Größe des Menschen; aber auch, daß er in all seiner Macht sehr verletzlich ist, und sein Dasein davon abhängt, ob er Maß und Gleichgewicht bewahrt. Für Platon war der Tyrann, das heißt der Machthaber, der sich nicht durch die Ehrfurcht vor den Göttern und die Achtung vor dem Gesetz bindet, eine Gestalt der Verlorenheit... Die Neuzeit hat dieses Wissen immer mehr verlernt. Was in ihr vor sich geht: daß jede über dem Menschen stehende Norm geleugnet, die Macht als autonom betrachtet, ihr Gebrauch nur durch

---

[21] Es ist gut, auf die Sprache zu hören. Durch den Zustand, in dem sie sich befindet; durch die Worte, die sie braucht oder vermeidet, sagt sie viel über die innere Verfassung einer Zeit. Wie offenbarend ist die Tatsache, daß Wörter, wie die angeführten, vom Menschen gebraucht werden!

politischen Vorteil oder den wirtschaftlich-technischen Nutzen bestimmt wird, hat in der Geschichte kein Vorbild. Hiermit sind nicht nur die maßgebenden Stellen der äußeren oder inneren Politik und Wirtschaftsführung gemeint, sondern jeder, der »Macht« hat; jeder, der in der Lage ist, zu entscheiden, zu befehlen, Menschen ins Handeln zu bringen, Wirkungen auszulösen, Zustände zu formen – biblisch gesprochen, »Herrschaft zu üben«. Das zu können, ist Ebenbildlichkeit zum Herrn der Welt; die Größe des Menschen wurzelt darin. Aber – das zweite Kapitel dieser Schrift hat es zu zeigen versucht – der ganze Zusammenhang von Kraft und Lenkung, Energie und Maß, Antrieb und Ordnung ist im Menschen zutiefst verwirrt; und die Gefahr, daß Kraft mit Gewalt, Initiative mit Selbstherrlichkeit, Befehl mit Knechtung, Sachgerechtigkeit mit Vorteil, echte, ins Ganze und Dauernde gehende Wirkung mit Erfolg verwechselt werden, ist groß und wächst in dem Maße, als die Bindungen an sittliche Norm und religiöse Hoheit verschwinden. Immer drohender wird die Perversion der Macht und damit die Perversion des Menschenwesens selbst. Denn es gibt keine Wirkung, die nur auf ihren Gegenstand, ob Ding oder Mensch, ginge; jede erfaßt auch den, der sie vollbringt. Es ist die furchtbare Illusion des Handelnden, zu meinen, was er tut, bliebe »draußen«: in Wahrheit geht es auch in ihn ein; ja es ist früher in ihm selbst, als im Gegenstand seines Handelns. In Wahrheit »wird« er immerfort das, was er »tut« – jeder, vom verantwortlichen Leiter eines Staates zum Bürovorsteher oder zur Hausfrau, vom Gelehrten zum Techniker, vom Künstler zum Landwirt... So ist, wenn der Gebrauch der Macht sich weiter in der gezeichneten Richtung entwickelt, gar nicht abzusehen, was von daher im Machtübenden selbst geschehen wird – sittliche Zerstörungen und seelische Zerrüttungen noch nicht erlebter Art.

III

Kann man nun in den vor sich gehenden Umformungen des Weltbildes Momente entdecken, welche auf diese Gefahren bezogen sind? Kann man sagen, daß die kommende Struktur des geschichtlichen Daseins sich vorbereitet, ihnen zu begegnen?
Ich möchte wieder betonen, daß alles, was hier gesagt werden kann, nicht mehr bedeutet als ein Vermuten und Erraten, denn die Dinge sind ja noch überall im Fluß – ganz abgesehen davon, daß die Deutung des in der Gleichzeitigkeit Geschehenden aufs stärkste durch die persönliche Haltung des Deutenden bestimmt wird. Wo die allgemeine Haltung so verworren, die zerstörenden Antriebe so heftig, und die geschichtlichen Zustände so schwankend sind, ist die Möglichkeit, in einem entmutigenden Sinne zu deuten, mindestens ebenso groß wie jene, es in einem zuversichtlichen Sinne zu tun. Meine eigene Meinung – wenn ich persönlich reden darf – ist wohl schon aus dem Gesagten klar geworden; ich möchte sie aber noch einmal ausdrücklich dahin aussprechen, daß ich an die Möglichkeit einer positiven Lösung glaube. Nicht in dem liberalen Sinne, alles werde schon gut werden; noch weniger im geschichtsdialektischen Sinne, das Geschehen bewege sich mit Notwendigkeit irgend einem Besseren zu. So zu denken gefährdet sogar jede positive Lösung; denn dann wird nicht angerufen, worauf es im Letzten ankommt, die Verantwortung des freien Menschen. Ich glaube daher, daß diese Freiheit eine Chance hat, die Geschichte den positiven Weg zu führen.

Von Bedeutung im neuen Weltbild scheint vor allem die Tatsache seiner Endlichkeit. Wissenschaft und Technik rechnen zwar mit ungeheuren Maßen; im Großen steigen, im Kleinen senken sich die Zahlen ins Unvorstellbar. Doch brauchen wir die herrschende Grundstimmung nur mit jener der durchbrechenden Neuzeit zu vergleichen, um den Unterschied zu sehen. Räume und Zeiten, Massen und Energien zeigen sich uns in Dimensionen, von denen die Neuzeit nichts wußte; unser Gefühl versteht sie aber nicht auf Unendlichkeit hin, was diese angesichts ihrer viel kleineren Gegebenheiten mit Leidenschaft getan hat.

Für sie war die Welt das All. Nicht nur in dem quantitativen Sinne, daß sie »alles« war, »was es gibt«, sondern in dem qualitativen, daß sie absolut und grenzenlos war. So konnte der Mensch niemals Stand ihr gegenüber, sondern nur innerhalb ihrer gewinnen. Die Welt überstieg ihn, wesentlich und einfachhin. Im Grunde gab es weder Abstand noch Kritik, sondern nur Einfügung und Einswerdung. Anderseits freilich auch das Gefühl nie auszumessender Seinsfülle, nie zu erschöpfender Reserven. Beides aber machte eine echte Auseinandersetzung unmöglich. Das Gefühl, das jetzt durchzudringen scheint, empfindet die Welt als etwas Gestaltetes und damit Begrenztes. Wohl ungeheuerlich in seinen Maßen, des Großen wie des Kleinen, aber eben doch gemessen. Der Begriff des »Alls« scheint eine andere Bedeutung zu gewinnen. Er meint nicht mehr die Verehrung fordernde Hoheit des Seins einfachhin, noch das zu dionysischer Hingabe rufende Grenzenlose, sondern den Inbegriff des Gegebenen, dem gegenüber Stand, Urteil und Planung möglich, ja gefordert sind. Es fällt dem Menschen viel leichter, sich als das zu erfahren, was er ist: in der Welt seiend und zugleich außerhalb ihrer; in sie hineingebunden und ihr gegenüber frei zugleich; sozusagen an ihrem Rande stehend, überall und immer an ihrem Rande.

Dieses Grundgefühl erzeugt eine andere Haltung der Welt gegenüber. Sie ist herber, härter, hat aber zugleich in eigentümlicher Weise Kopf und Hände frei. Die Welt überwältigt nicht, sondern fordert heraus, und ebendamit ruft sie zu geistiger Verantwortung.

Etwas Entsprechendes zeigt sich in jenem Gebiet praktischer Tätigkeit, das mit den erheblichsten irdischen Maßen rechnen muß, der Politik – das Wort verstanden als Handeln durch

Völker und Staaten, in Ländern und Epochen. Die Neuzeit durfte das Gefühl haben, es gebe noch unbekannte Räume, noch nicht ausgenutzte Reserven; der Begriff der »Kolonie« bildete einen Ausdruck dafür. Auch das einzelne Volk und sein Staat enthielten sachlich wie menschlich noch nicht durchwußte und ergriffene Bereiche. So war das Gefühl berechtigt, es sei mehr Substanz da, als verwendet werde; mehr Kräfte, als im Akt stehen. Nun aber hat sich die Erde zu einem einzigen politischen Feld zusammengeschlossen, das keine leeren Bereiche mehr enthält. Außenpolitisch gesehen wird, was vorher zur Disposition stand, zusehends selbst zum politischen Subjekt: das Phänomen der Kolonie verschwindet. Innenpolitisch aber werden durch die Techniken der Statistik und Verwaltung Land und Volk immer vollständiger nach Lebensbestand, Gütern und Energien in Bewußtsein und Verfügung genommen.

Infolgedessen verschieben sich die politischen Aufgaben immer mehr vom Extensiven ins Intensive. Was im eigentlichen Sinn »Regieren« heißt: das Sehen, Beurteilen, Erfassen, Lenken und Verwerten des Gegebenen im Hinblick auf das Ganze, bekommt eine besondere Dringlichkeit. Im geschlossenen Feld hat jede Maßnahme eine viel schärfere Wirkung, zum Positiven wie zum Negativen. Sie verliert sich nicht ins Grenzenlose, sondern tritt klar hervor und ruft die Verantwortung. Vielleicht ist das pathologische Anwachsen der Bürokratie kein nur negatives Symptom, sondern enthält als echten Kern das Bewußtsein, die geschichtlich-politische Gegebenheit stehe in viel höherem Maße zur Verfügung als früher, und daher müsse viel bewußter und genauer regiert werden; sodaß all die Umständlichkeit und Bevormundung Weisen wären, wie der heutige Staat sich selbst noch nicht versteht.

Nach der gleichen Richtung scheint das überall durchdringende Bewußtsein der Ganzheitlichkeit zu weisen. An Stelle der früheren atomistischen Auffassung, wonach das Dasein aus Einzelmomenten bestand, die dann nach jeweiligen Gesichtspunkten zusammengefügt wurden, tritt die Einsicht, daß es auf Gestalten ruht. Daß es das isolierte Einzelding, den in sich verlaufenden Einzelvorgang nicht gibt, sondern das Einzelne von vornherein in einem Ganzen steht, und umgekehrt das Ganze von jedem Einzelnen her bestimmt wird. Daraus das Bewußtsein, daß alles in alles wirkt. Wer z. B. noch miterlebt hat, mit welch dogmatischer Sicherheit der Rationalismus der Jahrhundertwende alles Geschehen auf einseitige Kausalität hin erklärte und den Begriff der Finalursache als scholastischen Unsinn abtat, sieht ihn nun mit Verwunderung als »neu« auftauchen; so radikal angewandt, daß von einer Umkehrung der Kausalität, also einer Verursachung in die Zeit zurück gesprochen werden kann!

Politisch – das Wort im weitesten Sinne genommen – nähern wir uns immer mehr einem Zustand, in welchem durch die wirtschaftlichen, sozialen, staatlichen Verhältnisse eines Landes alle Länder in Mitleidenschaft gezogen werden. Ebenso wie keine Schicht eines Volkes sozial, oder wirtschaftlich, oder hygienisch in schlechtem Zustande sein kann, ohne daß es auf das Ganze zurückwirkt; umgekehrt aber auch keine Sondergruppe wirklich und auf die Dauer gedeiht, wenn die Gesamtverfassung nicht in Ordnung ist.

Ja man beginnt zu sehen, daß für den sozial-wirtschaftlichen Zustand des Einzelnen wie der Gruppen sogar Religion und Weltbild von Bedeutung sind. Wir haben es ja erlebt, wie die neuzeitliche These vom Privatcharakter der Weltanschauung vollständig umgestülpt wurde. Die dogmatische Gebundenheit, welche das gängige Urteil dem Mittelalter vorwirft, war einfachhin Freizügigkeit gegenüber dem, was sich im Nationalsozialismus angebahnt hat, und was im Kommunismus immerfort geschieht. Lassen wir für einen Augenblick die Vergewaltigung jeglicher Wahrheit und Würde bei Seite, die da verübt wurde und wird – unter unserem Gesichtspunkt ist die Einsicht wichtig, daß auch hier keine Bereiche im Dasein ausgespart werden können. Was wir Freiheit, Unabhängigkeit, Selbstgehörigkeit der Person nennen, muß also etwas anderes sein, als was die liberale Haltung damit gemeint hat; vielmehr ist der Innenbereich, in welchem die Person mit sich selbst lebt, aufs engste mit der Realität des Daseins verbunden. Die Meinung, religiöse Welt- und Lebensansicht sei etwas Subjektives, und die entgegengesetzte, der Staat bestimme diese Ansicht, hängen so eng miteinander zusammen, daß man sagen kann, es seien zwei Aspekte des gleichen Grundirrtums.

Was aber den unmittelbaren menschlichen Bestand angeht, so sehen Biologie und Medizin immer deutlicher, daß die Funktion des Einzelorgans den ganzen Organismus und die Haltung des Ganzen jedes Einzelne bestimmt; es also keine physische Krankheit gibt, die nicht seelisch bedingt wäre, so wie umgekehrt jeder seelisch-geistige Vorgang seine physischen Voraussetzungen hat.

Den allgemeinen Ausdruck findet diese Tendenz in der wachsenden Bedeutung des Relativitätsgedankens. Damit ist nicht der auflösende Relativismus der vergangenen Zeit gemeint, welcher der jeweiligen Gegebenheit ihren Eigenwert nahm, immer ein Moment auf das andere zurückführte, und so die Urphänomene zerstörte. Der heutige Relativitätsgedanke hat, wenn ich recht sehe, einen anderen Sinn. Er will zeigen, daß das Seiende jeweils aus Ganzheiten besteht, in welchen die verschiedenen Momente mit einander, durch einander, im Verhältnis zu einander gegeben sind. Das beginnt bei einem so elementaren Phänomen wie der Erkenntnisbeziehung, in welcher das Objekt nicht unabhängig vom Subjekt gedacht werden kann, sondern der Beobachter in das Beobachtete mit hineingehört; oder jene der Kausalität, wonach es keine einseitige Wirkung von Seiendem zu Seiendem gibt, sondern jede Wirkung zweipolig ist.

So erscheint auch hier das Phänomen der Überschau und Umfassung, im Guten wie im Schlimmen. Damit die Forderung eines echten »Regierens«; ruhend auf dem Wissen, wie die Energien des Daseins ineinander wirken, und auf dem

Gefühl der Verantwortung für dieses in so vielfachen Wechselwirkungen bestehende Dasein.

Das neuzeitliche Weltbild enthielt die Vorstellung einer Natur, welche ebenso viel Norm wie Sicherheit bedeutete. Diese Natur wurde als ein Gefüge von Gesetzen und Beziehungen angeschaut, durch welche der Mensch einerseits gebunden, anderseits aber auch gesichert und gewährleistet war. Erkenntnis wie Technik brechen nun die Naturgestalten auf. Die Elemente stehen dem Zugriff offen. Aus einer hoheitsvollen und zugleich bergenden Ordnung wird die Natur zu einem Inbegriff von Energien und Stoffen, über die der Mensch verfügt. Aus einem in Ehrfurcht und Freude anzuschauenden unantastbaren Ganzen wird sie zur unbegrenzten Möglichkeit, zur Energiequelle und Arbeitsstätte. Und während in der Neuzeit der Mensch sich selbst als Glied dieser Natur betrachtet hatte, dringt das Gefühl durch, er könne sie in einer durch nichts vorbestimmten Freiheit fassen, und aus ihr machen, was er will, zum Gedeihen wie zum Verderben.

Eine ähnliche Veränderung geht mit den hergebrachten Ordnungen des Daseins, der Tradition in ihren verschiedenen Formen vor sich, wie sie im abendländischen Bereich durch Humanismus und Christentum, in Asien und Afrika durch die religiös-kulturelle Vergangenheit gegeben waren. Der Einzelne trat mit seinem Leben und Schaffen in sie ein, wurde in ihnen bestimmt und zugleich gesichert. Diese Tradition löst sich überall auf. Es ist charakteristisch, wie allgemein das Neusein an und für sich als Wert genommen wird. Der Impuls, alles anders machen zu wollen, scheint mehr zu sein als ein bloßes Generationssymptom, oder als die Überzeugtheit eines Entdeckers von der Wichtigkeit des Gefundenen. Natürlich hat er auch negative Formen: Ehrfurchtslosigkeit, Verantwortungslosigkeit, Sensation und was sonst. Darunter scheint aber etwas Positives wirksam zu sein: das Gefühl, die Welt stehe in einer Weise zur Verfügung, wie es bis jetzt noch nie der Fall gewesen; die Richtigkeit dieses Verfügens aber sei weder von der Natur selbst noch von der Tradition gewährleistet, sondern hänge von der Einsicht und dem Willen des Menschen ab.

Vom Moment der Gefahr wurde ausführlich gesprochen; so soll hier nur noch einmal auf sie hingewiesen sein. Sie gehört nicht zu den bloß negativen Symptomen der kommenden Kultur. In diesem Fall würde man nur folgern dürfen: also muß sie verschwinden. Die Gefahr ist aber dem kommenden Weltbild wesentlich, und sie gibt ihm, wenn sie richtig verstanden wird, einen neuen Ernst. In alle Zukunft wird es kein menschliches Dasein mehr geben, das nicht mit seinem Letzten in der Gefahr stünde.
Das Bewußtsein davon ist sehr lebendig. Auch es hat eine unwertige Form: die Angst, den Unernst und das In-den-Tag-Leben, wie sie sich überall zeigen. Es zeigen sich aber auch positive Symptome: der bourgeoise Sicherungswille scheint zu verschwinden und der Mensch sich von vielen Festlegungen zu lösen, die vorher selbstverständlich waren. Daß ganze Bevölkerungen aus ihrer Heimat in andere Gegenden verpflanzt werden; daß die alte Vorstellung des Wohnens weithin verschwindet und eine fast nomadische Lebensform entsteht; daß der heutige Mensch die Lust am Sparen verliert und dem Kassen- und Versicherungswesen gegenüber seine Haltung ändert – das alles und anderes noch scheint nicht nur die negative Bedeutung der Entwurzelung, sondern auch eine positive zu haben: der Mensch sucht der Unabsehlichkeit der kommenden Gefahren gegenüber eine größere Beweglichkeit zu gewinnen. Das Bewußtsein scheint durchzudringen, daß alles dahingestellt ist, weil alles letztlich in der Freiheit hängt, und daher der Mensch selbst eine Haltung größerer Freiheit erringen muß – ein seltsames Ergebnis nach der Epoche der klassischen Naturwissenschaft, in welcher alles durch Notwendigkeiten bestimmt, ebendamit aber auch von Sicherungen getragen schien!

Endlich: Die heraufkommende Welt hat einen Charakter viel größerer Beweglichkeit, Bildbarkeit, Potentialität, als sie sich im vorausgehenden Weltbild ausdrückten[22].

Das könnte an verschiedenen Punkten gezeigt werden; wir greifen einen heraus. Der menschliche Körper wurde bisher als ein geschlossenes System betrachtet, das sich aus sich selbst heraus aufbaute, aus eigenen Impulsen arbeitete und von eigenen Regulativen bestimmt war: das Körperbild der materialistisch-biologistischen Wissenschaft. In dieser geschlossenen Körperlichkeit suchte dann der einzelne Theoretiker oder Praktiker, falls er das für richtig hielt, die Seele, den Geist unterzubringen, wobei die Frage nach dem Wie des Verhältnisses meistens durch irgend einen Begriff doppelter Ordnung beantwortet wurde. Diese Anschauungen ändern sich bis in den Grund. Das Bild des menschlichen Körpers verliert das Festgelegte, in sich Geschlossene. Er erscheint als etwas Lebendig-Bewegtes; fast als ein Geschehen, das sich immerfort ereignet. Dieses Geschehen aber wird von der Seele her bestimmt. Genauer gesagt: Der Mensch erscheint als etwas, das sich zwischen zwei Polen, dem Materiellen und dem Psychisch-Spirituellen verwirklicht[23]. Zeugnis dafür ist einmal die immer wirksamer werdende Einsicht in den psycho-somatischen Charakter alles Körpergeschehens, besonders der Krankheit bzw. Gesundheit. Nach derselben Richtung weist aber auch ein Begriff, der mit vollem Bewußtsein ausgesprochen und zum Programm entwickelt bei Nietzsche erscheint: der der Züchtung. Er besagt, man könne durch entsprechende Maßnahmen die lebendige Sub-

---

[22] Die verschiedenen bisher beschriebenen Momente gehen ineinander über; doch ist das wohl kein Einwand gegen die Zeichnung des Bildes. Sie stellen verschiedene Aspekte des Einen und Gleichen dar: der eigentümlichen Aggregatsform, wenn man so sagen darf, des kommenden Daseins; der Weise, sich aufzubauen und zu bewegen, wie wir sie im kommenden Weltbild zu sehen glauben.

[23] Welche Probleme daraus für die Auffassung dieser beiden »Pole« entstehen, und welche Gefahr eines neuen Monismus sich erhebt, muß hier auf sich beruhen.

stanz des Menschen beeinflussen. Ob und wie weit das möglich ist, muß hier unerörtert bleiben; jedenfalls zeigt aber die Theorie, daß der Mensch als etwas viel Beweglicheres, Potentielleres empfunden wird als vorher. Damit aber auch in weit höherem Maße in Gefahr gestellt.

Sobald man an einem Punkt auf diesen Charakter aufmerksam geworden ist, entdeckt man ihn im werdenden Weltbild überall wieder. Überall zeigt sich, daß die Dinge als viel weniger festgelegt, viel beweglicher, mehr der Initiative des Menschen anheimgegeben erscheinen, als das im 19. Jahrhundert der Fall war.

Alles Gesagte – und anderes ließe sich noch hinzufügen – führt zu einem letzten Ergebnis: zum Bewußtsein von der Verantwortung des Menschen.

Hinter dem neuzeitlichen Naturbegriff liegen komplizierte Motive. Zunächst ein Wille, für autonome Weltherrschaft frei zu werden; was dann sinngemäß weiter bedeuten würde, daß der selbstherrliche Mensch auch eine wirkliche Verantwortung für sein Tun übernähme. Eine autonome Verantwortung eines endlichen Wesens gibt es aber nicht; damit nimmt der Mensch etwas in Anspruch, das nur Gott zukommt. Daher wird sie denn auch nur scheinbar verwirklicht, so lange, als im Verhältnis zur Welt noch die christliche Botschaft von Gottes Schöpfung und Regierung nachklingt. In Wahrheit steht schon die Vorstellung bereit, welche die eigentliche Weltverantwortung aufsaugt, nämlich die von der Natur, die alles in allem ist, unendlich und ewig, und also auch den Menschen umfaßt. Jetzt hat der Mensch, wenn auch auf allerlei empirischen oder metaphysischen Umwegen, nur eins zu tun: sich in sie einzufügen; und die verschiedenen rationalistischen, evolutionistischen, soziologischen Theorien bilden den mehr oder weniger wissenschaftlichen Unterbau dieses Grundwillens. Freiheit im echten Sinne ist nur durch das Gegenüber zum souveränen und personalen Gott gewährleistet; ebenso wie echte Verantwortung nur auf

Ihn hin möglich und verpflichtend wird. Eine All-Natur hingegen saugt Freiheit wie Verantwortung auf. Trotz aller scheinbaren Eigenständigkeit des Geistes ist sie es, welche die Geschichte bestimmt, ebendamit aber auch gewährleistet.

Das enthüllt sich immer mehr als falsch. Nicht die Natur, sondern der Mensch bestimmt die Dinge. Und das nicht aus Notwendigkeiten, die ihn zu einer Art zweiter Natur machen würden, sondern aus Freiheit. Das Bewußtsein davon dringt denn auch an den verschiedensten Stellen durch. Ein charakteristisches Beispiel dafür ist der extreme Existentialismus, welcher die frühe All-Determination in eine radikale Freiheit umschlagen läßt, ebenso wirklichkeitsfremd wie jene. Dabei ist denn auch alle Wahrheitssubstanz aufgezehrt, und der Mensch steht in der baren Willkür; das heißt, alles wird sinnlos.

Es hilft dem Menschen nichts; er muß wieder zur Wahrheit zurück – oder vorwärts, wie man die Richtung bestimmen mag, in welcher die rettende *Metanoia* zu verwirklichen ist. Er kann sich in keine Gesetzlichkeiten zurückziehen, weder der Natur noch der Geschichte, sondern muß selbst einstehen, und darin liegt die Chance der Zukunft. Theorien verschiedenster Art scheinen dem zu widersprechen; Weltformeln und Geschichtsdialektiken. Es liegt aber an den Wissenden und Bereiten, sich der Tatsache zu öffnen, welche alles Kommende trägt: daß der Mensch selbst dafür verantwortlich ist, wie die Geschichte geht, und was aus Welt- und Menschendasein wird. Er kann es richtig und kann es falsch machen. Um es aber richtig machen zu können, muß er wieder zu jener Haltung bereit sein, sie schon Platon als den Inbegriff menschlicher Verpflichtung erkannt hat, nämlich der »Gerechtigkeit«, das heißt, dem Willen, das Wesen der Dinge zu sehen und zu tun, was von dorther das Richtige ist.

Im bisher Gesagten ist schon mehrmals der Begriff des »Regierens« aufgetaucht. Wenn ich recht sehe, bildet er geradezu den praktischen Beziehungspunkt, auf welchen die

Linien des kommenden Weltbildes hinführen. Versuchen wir, ihn klarer ins Licht zu stellen.
Dieses Bild zeigt eine Welt, die nicht aus sich selber läuft, sondern geführt werden muß. In ihr ist der Mensch nicht geborgen, sondern er muß es mit seiner Initiative wagen. So fordert diese Welt als lebendiges Korrelat den Menschen, der fähig ist, zu »regieren«.
Der Begriff ist verdorben, wie so viele andere lebenswichtige Begriffe auch. Wenn der heutige Mensch das Wort hört, dann denkt er wahrscheinlich an einen Beamten, der ihn hindert; an einen Vertreter totalitärer Staatlichkeit, der ihn beleidigt; an einen Fachmann, der irgendeine im Zusammenhang des wirtschaftlich-sozialen Ganzen notwendige Leistung vollbringt, von der er selbst nichts versteht und gegen die er ebendeshalb Mißtrauen hat. Von fernher wirkt endlich aus der geschichtlichen Erinnerung das fremd gewordene Bild des einstigen Herrschers herein, der eine göttlich begründete Autorität hatte, aber auch mit seiner Verantwortung für Recht und Wohlfahrt einstand; ein Bild, von welchem dann ein höchst fragwürdiger Abstieg zu den verschiedenen Formen geführt hat, wie nach neuzeitlicher Theorie »das Volk« in eigenem »Namen« seine eigenen Schicksale bestimmt.
Die Erziehung des heutigen Menschen für seine politische Aufgabe – das Wort im alten Sinne der Beziehung auf die *res publica* verstanden – muß diese Vorstellungen überwinden. Was hier mit »Regieren« gemeint wird, ist eine menschliche, sittlich-geistige Haltung. Sie enthält vor allem das Bewußtsein, wie die heraufkommende Welt geartet, und wie sie dem Menschen, jedem Menschen an seiner Stelle, in die Hand gegeben ist. Damit kommt das Wissen, welche Ungeheuerlichkeit an Macht zur Verfügung steht. Und das Bewußtsein, daß diese Macht nur in der Verantwortung gebunden werden kann. Kein Verfassungsparagraph, kein höchster Gerichtshof, keine Behörde, kein Vertrag hilft, wenn nicht der durchschnittliche Mensch fühlt, daß die *res publica*, die gemeinsame Sache der menschlichen Existenz in Freiheit und

Würde, in seine Hand gegeben ist. Daraus folgt weiter die Sachgerechtigkeit: die Erkenntnis, welcher Frevel es ist, wenn die Aufgaben unter Gesichtspunkten des Ehrgeizes, des Vorteils, der Parteitaktik zugewiesen werden; während es nur auf die Frage ankommt, was zu leisten ist, und wer es leisten kann, damit der richtige Mann an die richtige Stelle gelangt. Regieren zu können, heißt also überlegen sein; die Vielfältigkeit und wechselseitige Abhängigkeit der wirksamen Momente sehen; immer aufs neue jenes so sehr bedrohte Maß zu finden, auf welchem nicht nur die Wohlfahrt, sondern der Bestand aller ruhen wird[24].

IV

Die Weltgestalt, die werden soll, und von der wir einige – sehr allgemeine – Züge zu zeichnen versuchten, entsteht nicht auf Grund objektiver Notwendigkeiten, in einer Art kosmisch-geschichtlichem Prozeß, sondern wird vom Menschen geschaffen. Ein solches Schaffen geht aber nicht nur aus rationaler Überlegung und willentlicher Zwecksetzung hervor, sondern das im Objektiven Gewollte muß auch im Werkenden selbst wirksam sein.
Richtiger gesagt: Ein wirkliches Weltbild muß draußen und drinnen zugleich wirksam sein, Werkbild und Menschenbild in Einem. So erhebt sich die Frage nach dem letzteren: Wie ist der Mensch geartet, der die kommende Epoche bestimmen wird? Was treibt ihn, und wie hält er sich? – Kann man darüber etwas sagen?

Sehen wir von Leuten ab, die aus glücklicher Vitalität oder aus festgelegter Ideologie Optimisten sind, so treffen wir

---

[24] Nur in dieser Haltung, nicht in irgendwelchen Dogmen der Gleichheit, liegt auch das, was sinnvoll »Demokratie« genannt werden kann.

überall auf eine tiefe Sorge. Sie richtet sich zunächst auf konkrete politisch-geschichtliche Möglichkeiten; darüber hinaus meint sie aber etwas Grundsätzliches: ob nämlich der Mensch seinem eigenen Werk noch gewachsen sei? Er hat im Laufe der letzten hundert Jahre ein Maß von Macht entwickelt, das über alles vorher zu Ahnende hinausgeht. Diese Macht hat sich weithin objektiviert: in wissenschaftlichen Einsichten und Arbeitsgefügen, die immer neue Probleme aus sich heraustreiben; in politischen Strukturen, die auf Künftiges hin in Bewegung sind; in technischen Gestaltungen, die wie aus eigener Dynamik weiterdrängen; endlich und vor allem in seelisch-geistigen Haltungen des Menschen selbst, die ihre eigene Logik haben. Die Sorge, von welcher die Rede ist, fragt, ob der Mensch fähig sei, das alles so zu bewältigen, daß er in Ehren bestehen, fruchtbar sein und Freude haben könne? Sie verdichtet sich zum Gefühl, der Mensch, wie er heute ist, sei dazu nicht mehr im Stande. Werk und Wirkung seien über ihn hinausgegangen und hätten sich selbständig gemacht. Sie seien zu etwas von außermenschlichem, kosmischem, um nicht zu sagen dämonischem Charakter geworden, das nicht mehr menschlich eingeeignet und gelenkt werden könne.
Daß an dem Gefühl etwas richtig ist, kann nicht bestritten werden. Jeder kennt Menschen, die tatsächlich nicht mehr fähig sind, jenes Geschehen bzw. die aus ihr herauswachsenden Werk- und Lebensgestalten zu bewältigen, sondern sich mit der Empfindung der Fremdheit, ja des Ausgeliefertseins unter ihnen bewegen. Es gibt eine – wohl nicht kleine – Anzahl von Menschen, die noch vor jener Zeitenscheide beheimatet sind, welche etwa zwischen den beiden Weltkriegen hinläuft. Manchen von ihnen gelingt es, sich einen Lebensraum auszusparen, in welchem sie bestehen können. Andere sind wenigstens fähig, sich aus Erinnerungen, Büchern und Kunstwerken eine innere Waffe zu schaffen. Im Ganzen gesehen, sind sie Unterlegene. Ist das aber alles? Oder zeigt sich in dieser Tatsache mehr an, als das Schicksal

einer Generation, die dem Gestern angehört? Bedeutet vielleicht die Entwicklung der menschlichen Macht mit ihren Objektivationen, daß der Mensch aufgehört hat, als Subjekt in der Geschichte zu stehen und nur noch Durchgangsstelle von Vorgängen ist, welche sich seiner Reichweite entziehen? Daß nicht mehr er die Macht, sondern die Macht ihn regiert? Wenn der Mensch überhaupt mit den heute lebenden Menschen gleichgesetzt werden müßte, wäre die Antwort auf diese Frage zum mindesten sehr zweifelhaft. Demgegenüber meldet sich aber eine Hoffnung, deren Inhalt nicht leicht zu bestimmen ist.

Sie hat einmal eine rein religiöse Form und drückt sich im Vertrauen aus, Gott sei größer als alle Weltprozesse. Er habe sie in seiner Hand; so könne seine Gnade jederzeit in eine Welt einwirken, deren Normbild nicht das Funktionieren der Maschine, sondern das Schaffen des lebendigen Geistes sei.

Eine andere Hoffnung richtet sich auf die Schoßtiefe der Geschichte. Wir haben ja wohl eingesehen, daß die mechanistische Deutung des Daseins versagt. Gewiß ist alles Geschehen kausal bestimmt; es gibt aber nicht nur die mechanistische, sondern auch die schöpferische, nicht nur die in Notwendigkeiten verlaufende, sondern auch die spontane Kausalität[25]. Sie wirkt schon im Biologischen und Psychischen; im Geschichtlichen wird sie maßgebend. Nichts ist wirklichkeitsferner, als der Begriff eines mit Notwendigkeit verlaufenden Geschichtsprozesses. Hinter ihm steht keine Erkenntnis, sondern ein Wille. Das dürfte wohl jedem klar geworden sein, der fähig ist, aus Geschehnissen zu lernen; denn dieser Wille hat sich in einer Weise gezeigt, welche metaphysische Ruchlosigkeit ist. In Wahrheit kann man den Fortgang der Geschichte nicht vorausberechnen, sondern muß ihn entgegennehmen, bzw. selbst bestimmen. Die Geschichte fängt in jedem Augenblick neu an, sofern sie in

[25] Vgl. dazu Guardini, »Freiheit, Gnade, Schicksal«, München ⁴1956, S. 173 ff.

der Freiheit jedes Menschen immerfort neu entschieden wird – aber auch, sofern aus ihrem schöpferischen Grunde immer neue Gestalten und Geschehnisformen aufsteigen. So richtet jene Hoffnung sich darauf, es werde eine menschliche Wirklichkeit erstehen, welche der Ungeheuerlichkeit der vom bisherigen Menschen hervorgebrachten, aber nicht mehr gemeisterten Macht ebenbürtig sei.

Im Raum der neuzeitlichen Persönlichkeitsidee hätte man wohl gesagt, man hoffe auf den großen Menschen; auf ein Genie, das fähig sein werde, die Meisterung der Macht so zu vollbringen, daß sie für Alle vorbildlich werden könne. Wir brauchen den Gedanken nur auszusprechen, um zu merken, wie romantisch er für uns wäre. Dem heutigen Zustand ist nicht der große Einzelne, sondern eine neue menschliche Struktur zugeordnet. Damit ist nichts Phantastisches, sondern etwas gemeint, das in der Geschichte immer wiederkehrt. Das Chaos der Völkerwanderung – welches ein halbes Jahrtausend gedauert hat – wurde durch einen Menschentypus gebändigt, von dem man ebenso gut sagen kann, er sei der Schöpfer, wie er sei das Ergebnis des Mittelalters gewesen. Nachdem er seine Zeit gehabt und sein Werk getan hatte, erhob sich ein neuer. Dieser war es, der die Neuzeit getragen und jene Machtgrößen entbunden hat, welche uns heute zur Gefahr werden. Er hat sie aber nur entbunden; existentiell war er ihnen nicht gewachsen; das zeigt sich schon an der Art, wie er die Ungeheuerlichkeit seines Griffes nach Natur und Menschenwesen mit Nutzen und Wohlfahrt zu rechtfertigen suchte.

So geht die Hoffnung darauf, ein neuer Menschentypus sei im Werden, der den freigesetzten Mächten nicht verfällt, sondern sie zu ordnen vermag. Der fähig ist, nicht nur Macht auszuüben über die Natur, sondern auch Macht über seine eigene Macht; das heißt, sie dem Sinn des Menschenlebens und Menschenwerkes unterzuordnen. »Regent« zu sein in einer Weise, wie sie gelernt werden muß, soll nicht alles in Gewalt und Chaos zu Grunde gehen.

Hier Genaueres zu sagen, ohne zu phantasieren, ist schwer. Man muß überall verstreute Anzeichen, Hoffnungen, Versuche, durch Fehlschläge durchkreuzte Entwicklungsrichtungen zusammenholen und aus ihnen ein Ganzes herausschauen.

Das Bild, das so entsteht, ist dann utopisch; aber es gibt ja zwei Arten von Utopien. Die einen sind müßige Spiele der Phantasie; die anderen hingegen Vorentwürfe von Kommendem. Sie haben in der Geschichte große Bedeutung gehabt. Ein bloßes, aus reinem Nicht-Wissen und Nicht-Haben sich vollziehendes Suchen ist unmöglich; man kann nur suchen, was man in irgend einer Weise vorwegnehmend schon hat. Utopien sind Anstrengungen, das, was noch verborgen aus dem geschichtlichen Werdebereich heraufdrängt, in Bildern und Plänen offen hinzustellen, damit es wirksam gesucht werden könne.

Wie hätte also wohl der Menschentypus auszusehen, der da gesucht bzw. dessen Werden erhofft wird?

Er müßte vor allem ein ursprüngliches Verhältnis zur Macht haben.

Dieser Mensch muß wissen und bejahen, daß der Sinn der kommenden Kultur nicht Wohlfahrt, sondern Herrschaft ist; Vollstreckung des Auftrags, den Gott in das Wesen des Menschen gelegt hat. Was werden soll, ist keine Universalversicherung, sondern eine Weltgestalt, in der sich dieser Herrschaftssinn mit seiner Größe ausdrückt. Ihn hat der Bürger nicht gewollt. Er hat sich davor gefürchtet. Ja er hat ihn im Grunde für unrecht gehalten. Darum hat er die Macht, die er tatsächlich hatte, mit schlechtem Gewissen ausgeübt und Sicherheit, Nutzen, Wohlfahrt vorgeschoben. Darum hat er weder ein echtes Herrschaftsethos noch einen echten Herrschaftsstil ausgebildet, sondern sich immer ins Anonyme zurückgezogen. Der Mensch, der jetzt gemeint ist, setzt Nutzen, Sicherheit und Wohlfahrt entschieden an die zweite Stelle; an die erste die Größe der kommenden Weltgestalt. –

Damit ist ein Weiteres gegeben: ein ursprüngliches Verhältnis zur Technik.
Der Mensch, der sie geschaffen, hat sie nicht in sein Lebensgefühl aufgenommen. Wenn im 19. Jahrhundert der Besitzer eines großen Industriewerkes sich ein Haus baute, entstand ein Palais oder eine Ritterburg. Die zwischen den Kriegen geborene Jugend empfindet anders. Sie zeigt einen Menschentypus, der im Gefühl mit der Technik eins ist. In einer den anders Veranlagten verblüffenden Weise laufen seine Lebensbewegungen in den technischen Strukturen. Damit ist eine Unbefangenheit in ihrem Gebrauch gegeben, welche nötig ist, wenn die Überwindung, von der wir reden, möglich werden soll. Der gemeinte Mensch hat aber auch ein tiefes Gefühl für die aus dem gesamten Zustand sich erhebende Gefahr.
Von Hiroshima ab wissen wir, daß wir am Rande des Untergangs leben und weiterhin leben werden, solange die Geschichte währt. Der Mensch des neuen Typus fühlt diese Gefahr. Er fürchtet sie natürlich auch, erliegt der Furcht aber nicht, denn er ist mit ihrer Atmosphäre vertraut[26]. Er kennt sie und stellt sich ihr. Sie bildet sogar einen zuinnerst empfundenen Charakter der Größe. Nach dieser Richtung deutet die Ablehnung des bourgeoisen Sich-Bergens in auskalkuliertem Vorsorgen, wie auch die Änderung im Verhältnis zum Besitz und zur Wohnung, von denen die Rede war; nach der gleichen manche Strebungen in der neuen Kunst, in der Philosophie usw. Der gemeinte Mensch vermag in der Gefahr zu leben, empfindet zumindest Aufgabe und Fähigkeit, es zu lernen. –

---

[26] Es wäre wichtig, festzustellen, ob das Gefühl der Angst, das unsere Zeit erfüllt, von allen empfunden wird, oder nur, bzw. vorwiegend von solchen, die strukturmäßig noch jenseits der Zeitenscheide beheimatet sind. Damit ist natürlich nicht gemeint, ein diesseits Stehender fühle sich durch die politischen, wirtschaftlichen, soziologischen Gefahren nicht bedroht. Ist das aber schon jene lähmende, Stand und Gestalt wegzehrende Unheimlichkeit, von welcher der Mensch angefallen wird, der sich in der Welt nicht mehr zu Hause fühlt?

Ohne – und das wäre ein weiteres Element des Bildes – sie als Abenteuer zu nehmen; vielmehr im Bewußtsein der Verantwortung für die Welt.
Er hat das neuzeitliche Dogma, alle Dinge führten von selbst zum Besten, überwunden. Für ihn gibt es den Optimismus der Forschrittsgläubigkeit nicht mehr, sondern er weiß, daß sie ebenso leicht, ja noch leichter auf das Schlechtere zugehen können. Er weiß, die Welt ist in der Hand der Freiheit; so fühlt er Verantwortung für sie. Und Liebe. Eine besondere Liebe; ebendaher bestimmt, daß die Welt hinausgewagt und zerstörbar ist. Mit dem Gefühl für die Macht und ihre Größe, mit der Verwandtschaft zur Technik und dem Willen, sie zu brauchen, mit dem Reiz der Gefahr verbindet sich Güte, ja Zärtlichkeit für das endliche, so ausgesetzte Dasein. –
Zum Bild gehört das Gefühl für absolute Forderungen. Der kommende Mensch ist entschieden unliberal – was nicht meint, er habe keinen Sinn für Freiheit. »Liberale« Haltung besagt, man dürfe keine absoluten Elemente ins Leben einführen, weil sie sofort das Entweder-Oder und damit den Kampf erzeugen. – Man könne vielmehr die Dinge so ansehen, oder auch anders. Die Hauptsache seien das »Leben« und das Miteinander-Auskommen; Werte und Ideen hingegen Sache persönlicher Anschauung. Auf jeden Fall aber: wenn man jeden gewähren lasse, werde alles schon recht werden… Der jetzt gemeinte Mensch weiß, daß diese Haltung der sich entwickelnden Daseinssituation nicht gewachsen ist. In ihr geht es nicht um Feinheiten und Kompliziertheiten, sondern um Unbedingtes: Würde oder Knechtschaft; Leben oder Untergang; Wahrheit oder Lüge; Geist oder Gewalt. – Dieser Mensch versteht zu befehlen wie zu gehorchen.
Er weiß, was Disziplin heißt. Nicht als passives Eingefügtsein, sondern aus der Verantwortung des Gewissens und in der Ehre der Person. Hier liegt die Voraussetzung für das Größte, das er zu leisten hat: Autorität aufzurichten, welche die menschliche Würde achtet; Ordnungen zu schaffen, in denen die Person existieren kann. Die Fähigkeit, zu befehlen,

wie die zu gehorchen, ist in dem Maße verloren gegangen, als aus dem Bewußtsein der Menschen Glaube und Dogma verschwunden sind. An die Stelle unbedingter Wahrheit ist die Parole getreten; an die des Befehls der Zwang; an die des Gehorsams die Preisgabe seiner selbst. Was Befehlen und Gehorchen heißt, muß neu entdeckt werden. Das ist nur möglich, wenn wieder absolute Hoheit erkannt, absolute Werte gesehen, das heißt aber, Gott als lebendiger Maßstab und Beziehungspunkt des Daseins anerkannt wird. Sinngerecht befehlen kann man letztlich nur von Gott her; gehorchen nur auf Ihn hin.–
Dieser Mensch hat auch wieder einen Sinn für Askese. Er weiß, es gibt keine Herrschaft, die nicht zugleich Herrschaft über sich selbst wäre. Es kann keine Gestalt aufgebaut werden, wenn der, der sie bauen will, nicht selber gestaltet ist. Es gibt keine Größe, die nicht auf Überwindung und Entsagung ruhte. Die Triebe des eigenen Innern sind nicht in Ordnung, sondern müssen gemeistert werden. Der Glaube an die angeblich gute Natur ist Feigheit. Er blickt von dem Bösen weg, das ebenso in ihr ist, wie das Gute, und dadurch verliert das Gute selbst seinen Ernst. Diesem Bösen muß widerstanden werden, und das ist Askese. Schon die Unbedingtheit des echten Befehls, die nicht aus der Gewalt, sondern aus gültiger Autorität; und jene des echten Gehorsams, die nicht aus der Selbstpreisgabe, sondern aus der Anerkennung echter Befugnis kommen, können nur verwirklicht werden, wenn der Mensch über die Unmittelbarkeit von Trieb und Hang hinausgeht. Der Mensch, der gemeint ist, lernt wieder, welche befreiende Kraft in der Selbstüberwindung liegt; wie das von innen her angenommene Leiden den Menschen umwandelt; und wie alles wesenhafte Wachstum nicht nur von Arbeit, sondern auch von frei gebrachtem Opfer abhängt.–
Verwandt damit ist etwas, das sich an vielen Stellen andeutet, nämlich die Kameradschaft von Mensch zu Mensch. Nicht die Distanzlosigkeit von Kaserne und Lager. Auch nicht jener

Rest von Ethos, der noch bleibt, nachdem die Aufgaben des Lebens sinnlos geworden, Zuversicht, Großmut, Freude verloren sind. Sondern die ohne weiteres empfundene Solidarität jener, die im gleichen Werk und in der gleichen Gefahr stehen. Die selbstverständliche Bereitschaft zu wechselseitiger Hilfe und zum Ineinandergehen der Leistungen[27]. Diese Haltung hat ebenfalls etwas Unbedingtes, sofern sie noch hinter aller besonderen Verbundenheit des Blutes und der Sympathie steht.–

Aus dem Gesagten ist wohl deutlich geworden, daß es sich nicht um eine Abwandlung des Soldatischen handelt. Der hier gemeinte Typus kann ebenso gut im Soldaten stecken wie im Priester, im Kaufmann wie im Bauern, im Arzt wie im Künstler, im Arbeiter wie im suchenden Forscher. Er darf auch nicht nur nach der Seite der Härte hin gesehen werden – in der Art, wie damals, als von »fanatischem Willen«, »wilder Verbissenheit« und »rücksichtslosem Einsatz« gesprochen wurde. Der Mensch, der so redete, war in Wahrheit schwach. Er war gewalttätig aus personaler Unsicherheit und brutal aus Armseligkeit des Herzens. Und wenn es zutrifft, daß er Gefahr und Tod nicht fürchtete, so deshalb, weil ihm der Geist nichts galt. Die Kraft, die wir meinen, kommt aus dem Geist, aus der freien Hingabe des Herzens; so kann aus ihr alles hervorgehen, was Ehrfurcht, Großmut, Güte, Zartheit, Innigkeit heißt.–

Noch auf ein letztes Element dieses Menschenbildes soll hingewiesen werden, das ist seine religiöse Haltung.

Wenn die Möglichkeit der Weltbeherrschung so gefühlt wird, wie es hier angedeutet wurde, dann könnte daraus ein Werk- und Herrschaftswille durchaus sachlich-diesseitiger Art entstehen, der alles Metaphysische als behindernd ablehnte. Doch würde auch dann noch die Größe der Aufgabe den Menschen veranlassen, die Wirklichkeit ganz ernst zu neh-

---

[27] Der Begriff der Nachbarschaft, der seit einiger Zeit Bedeutung gewinnt, steht in diesem Zusammenhang. Auch er schafft eine Verpflichtung zum Helfen über die persönlichen Sympathien oder Antipathien hinaus.

men. Das aber würde zur Erkenntnis führen, daß die Meisterung der Welt nur in den Bahnen der Wahrheit vollbracht werden kann, und damit zum Gehorsam gegen das Wesen der Dinge.
In dieser Loyalität läge aber auch die Chance einer sehr echten Frömmigkeit. Dem Menschen, der die Wirklichkeit nicht nach subjektiven Voraussetzungen denkt, gehen leicht die Augen dafür auf, daß Endlichkeit gleich Geschaffenheit ist. Er vermag den Offenbarungscharakter aufzufassen, den jedes Seiende hat, und von dort aus zu einer sehr entschiedenen Bejahung der biblischen Offenbarung zu gelangen[28]. Daraus würde eine ganz unsentimentale, im reinsten Sinn realistische Frömmigkeit entstehen. Sie würde sich nicht mehr in einem abgespaltenen Bereich psychologischer Innerlichkeit oder religiöser Idealistik, sondern in der Wirklichkeit bewegen, welche deshalb, weil sie voll, auch die von Gott geschaffene, gehaltene und von seinem Willen durchwaltete Wirklichkeit ist.
Aus solcher Klarheit heraus wäre dieser Mensch auch fähig, das Scheinwesen zu durchschauen, das mitten in aller wissenschaftlichen und technischen Entwicklung herrscht: den Trug der liberalen Kulturvergötzung, der totalitären Weltvervollkommnung, des tragizistischen Pessimismus, der neuen Mythik, der psychoanalytischen Zwitterwelt, und so fort. Er würde sehen: Die Wirklichkeit ist ja einfach nicht so! Diese Wege führen ja falsch. Der Mensch ist ja anders, und die innere Logik des Lebens ebenfalls! Eine große Hoffnung darf man auf die Kraft des geraden Erkennens und Durchblickens setzen, welche diesem neuen Realismus eignet!
Und er hätte, scheint es, auch eine lebendige Chance, das christliche Kerngeheimnis der Demut zu verstehen, wie wir es zu zeichnen versuchten. Die umwandelnde Kraft zu sehen, die in ihm liegt, und sie – wahrlich eine geistig-geistliche

---

[28] Vgl. Guardini, »Die Sinne und die religiöse Erkenntnis«, Würzburg ²1958.

Sprengung des Existenzatoms – zur Ausgangsenergie für eine Lösung der unlöslich scheinenden Verstrickung unseres Daseins zu machen.–
Aus alledem könnte so etwas wie die Fähigkeit zum »Regieren« hervorgehen, von welcher die Rede war.

So oder ähnlich könnte man das Menschenbild zu zeichnen versuchen, auf das sich die Ahnung unserer Zeit richtet.
Die Zeichnung reicht natürlich nicht zu; es handelt sich ja um etwas, das erst werden soll. So ist das Gesagte eine Utopie – vielleicht aber eine richtige.
Auch darf nicht übersehen werden, daß das Bild vom Manne her entworfen ist. Das der Frau zu zeichnen, wäre Aufgabe der Frau – es sei denn, der Mann unternähme es, der Frau zu sagen, wie er sie wünscht. Nicht nur, wie seine Sinne sie wünschen, sondern auch und vor allem sein Geist, und sein Herz, das ja die Mitte des lebendigen Menschenwesens ist. Ebenso wie die Frau zu sagen hätte, wie sie den rechten Mann sieht. Das wäre kein schlechter Weg. Ein Dialog; vielleicht ist er schon an manchen Stellen im Gang: in den sozialen Auseinandersetzungen, in der Dichtung, im Drama, in der bildenden Kunst. Nur ist es oft schwer, das Echte vom Mißverständnis, vom Ressentiment, von der Manier, von der Mode, vom Bluff zu unterscheiden.

Möglichkeiten des Tuns

I

Angesichts der geschilderten Sachlage möchte der bedrohte Mensch wissen, was er heute tun könne.
Natürlich sind vor allem die Entscheidungen der Politik wichtig, der äußeren wie der inneren; die Lösung der wirtschaftlichen und sozialen Probleme; die Einordnung der Vertriebenen; die Fortgestaltung des Schulwesens; die Arbeit an den Aufgaben, welche Forschung und Kunst stellen, und so fort. Doch kann von alledem in der Begrenzung des hier verfügbaren Raumes nicht die Rede sein.
Eher scheint es möglich, etwas über jenen Bereich zu sagen, aus welchem schließlich alles Tun und Lassen seine letzte Bestimmung empfängt: das persönliche Sehen, Urteilen und Entscheiden, wie auch über die von dorther gestellten erzieherischen Aufgaben.
Der neuzeitliche Mensch – es war bereits davon die Rede – versteht den Gang der Geschichte gern als einen Prozeß, der mit Notwendigkeit verläuft. Darin wirkt die ebenfalls neuzeitliche Vorstellung von der Natur nach, welche als das einfachhin Gegebene erscheint. Ist sie das, dann ist auch das in ihr Geschehende »natürlich« und damit richtig. Nun wird zwar die Geschichte vom Geiste bestimmt; aber der Geist gehört ja dieser Anschauung gemäß ebenfalls zu jenem Weltganzen, dessen »Richtigkeit« sich im Begriff der Natur ausdrückt. Also ist – aller Fehler, Mißstände, Zerstörungen im Einzelnen ungeachtet – auch der Gang der Geschichte »natürlich«, und damit sicher und in Ordnung.
Eine der Grund-Entscheidungen über die Zukunft besteht darin, ob eingesehen wird, daß diese Anschauung irrt. Der Mensch wird vom Geist bestimmt; der Geist aber ist nicht

»Natur«. Er lebt und handelt nicht aus Notwendigkeiten geschichtlicher oder metaphysischer Art, sondern aus eigenem Anfang: er ist frei. Er ist letztlich lebendig und heil aus der rechten Beziehung seines Geistes zur Wahrheit und zum Guten, welche Beziehung er aber auch verderben und verneinen kann. Der Mensch gehört nicht einfachhin zur Welt, sondern steht an ihrer Grenze, in ihr und zugleich außerhalb ihrer, in sie eingeordnet und zugleich über sie verfügend, deshalb, weil er unmittelbar ist zu Gott. Nicht zum Weltgeist, oder zum All-Geheimnis oder Urgrund, sondern zum souveränen Herrn, dem Schöpfer alles Seienden, der ihn angerufen hat und im Anruf hält; ihm die Welt in Verantwortung gegeben hat und von ihm Rechenschaft verlangt.
So geht die Geschichte nicht von selbst, sondern wird getan. Sie kann also auch falsch gehen; und nicht nur in einzelnen Entscheidungen, nicht nur auf Teilstrecken und in Teilgebieten, sondern auch in ihrer ganzen Richtung und durch ganze Epochen. Wir wissen das; ahnen es wenigstens, mitten in aller Selbstgewißheit experimenteller und theoretischer Exaktheit, und das macht das Besondere unserer Situation aus.
Eine immer verfügbarer werdende Weltwirklichkeit ist der Entscheidung des Menschen in die Hand gegeben; dieser selbst aber verliert immer mehr den Zusammenhang mit den Normen, die aus der Wahrheit des Seienden, aus der Forderung des Guten und des Heiligen kommen. So drohen seine Entscheidungen immer beliebiger zu werden.
Daher lautet die grundlegende Antwort auf die oben gestellte Frage: Der Mensch muß das volle Maß seiner Verantwortung kennen und auf sich nehmen. Um das aber zu können, muß er wieder das richtige Verhältnis zur Wahrheit der Dinge, zu den Forderungen seines tiefsten Innern und, letztlich, zu Gott gewinnen. Sonst verfällt er seiner eigenen Macht, und die »globale Katastrophe«, von welcher zu Eingang gesprochen worden ist, wird unausweichlich.
Wenn wir zuvor sagten, der Geist sei nicht von Naturnotwendigkeiten bestimmt, sondern müsse in Freiheit handeln,

so war damit nicht gemeint, der Mensch müsse den Sinn des Geschehens selbst setzen. Es ist aufschlußreich, daß sowohl der extreme Existentialismus wie der totalitäre Staat so denken, und sich damit als Gegenpole im gleichen Grundwillen kundgeben, die Macht im Sinne beliebiger Verfügung, das heißt aber, als Gewalt auszuüben. In Wahrheit ist jedes Seiende nach einer Sinngestalt geformt; so entsteht von dorther für den handelnden Menschen eine Norm des Möglichen und Richtigen. Und die Freiheit besteht nicht darin, das persönlich oder politisch Beliebige, sondern das vom Wesen des Seienden her Geforderte zu tun.

Das alles bedeutet einmal, daß erkannt werden muß, wohin die in dieser Schrift geschilderten geschichtlichen Veränderungen gehen; was ihnen zu Grunde liegt, und welche Probleme durch sie gestellt sind. Eine Aufgabe, welche Schule und Hochschule aufzunehmen haben, wenn sie nicht neben den Weg der Zeit geraten wollen.
Wichtig sind hierfür auch jene Formen erkennender und bildender Bemühung, wie sie sich im Zusammenhang mit der pädagogischen Arbeit der letzten fünfzig Jahre und der Jugendbewegung entwickelt, und in Werkwochen, Ferientreffen, Akademien usw. verdichtet haben. Der soziologische Ort dieser Bemühungen liegt zwischen Schule und Hochschule, individuellem Suchen und Beruf. So sind sie besonders geeignet, Werdendes auszuspüren; und die verantwortlichen Stellen haben allen Anlaß, sie zu fördern. Nicht sie unter ihren Einfluß zu bringen, denn dadurch würde, ganz nüchtern gesprochen, die Chance verdorben, die im freien Versuch liegt. Sondern ihnen Raum zu geben, sie zu unterstützen und mit ihnen in eine Zusammenarbeit zu treten, für welche die Formen zu finden wären.
Die Neuzeit neigt dazu, notwendig werdende Erneuerungen intellektuell und organisatorisch anzufassen. Die Aufgaben, welche uns heute erwachsen, sind aber so ungeheuer, daß tiefer angesetzt werden muß.

Wenn die Wissenschaft begonnen hat, die Elemente der Natur aufzubrechen, dann muß etwas Analoges im Menschlichen geschehen: der Mensch muß die Elementar-Tatsachen seiner Existenz prüfen. Tut er das nicht, dann gehen die Dinge immer fremder über ihn weg. Man ist weithin der Meinung, Technik, Wirtschaft, Politik müßten »realistisch« geführt werden, versteht aber darunter eine Handlungsweise, welche die letzten Werte, das personale Schicksal des Menschen, den Anspruch Gottes außer Acht läßt. In Wahrheit ist das ebensowenig »realistisch«, wie wenn das Phänomen der Krankheit rein körperlich gesehen, und die psychologisch-biographischen Momente vernachlässigt werden. Die Medizin erkennt immer deutlicher, in welchem Maße der Körper von der Seele her gesund oder krank ist, und daß erst jene Diagnose realistisch genannt werden kann, welche die ganze Realität, also auch die seelisch-geistige in Rechnung stellt. Entsprechendes gilt hier. Es gibt bereits Menschen, und vielleicht sind es gar nicht so wenige, denen gegenüber man, ohne auf Hohn oder Skepsis zu stoßen, behaupten darf, worauf es ankomme, sei eine *Metanoia:* eine Prüfung der ganzen Lebenshaltung und eine Änderung der Weise, wie Menschen und Dinge gesehen und genommen werden. Diese Menschen sind es, auf die es für die künftigen Entscheidungen ankommt, und an sie wendet sich das, was im Folgenden zu sagen ist.

Haben wir – um ganz konkret zu sprechen – uns einmal klar gemacht, wie das vor sich geht, wenn der durchschnittliche Vorgesetzte einem Untergebenen etwas aufträgt...der ebenfalls durchschnittliche Lehrer unterrichtet und Disziplin hält...der Richter einen Fall führt...der Geistliche die Sache Gottes vertritt...der Arzt einen Patienten behandelt...der Beamte am Schalter oder am Schreibtisch, oder im Warteraum mit dem Publikum umgeht...der Industrielle seinen Betrieb leitet...der Kaufmann seine Kunden versorgt...der Handwerker seine Arbeit macht...der Bauer seinen Hof verwaltet und seine Äcker bestellt? Wirklich klar gemacht, in seinem konkreten Verlauf, den bestimmenden Gesinnungen und sich realisierenden Haltungen, den eintretenden näheren und ferneren Wirkungen? Wird bei alledem die Wahrheit gewahrt und ihrer Gültigkeit etwas zugetraut?...Bleibt Recht unangreifbar Recht?...Fühlt der Mensch, mit dem der Betreffende es zu tun hat, sich geachtet und in einen personalen Bezug hineingenommen?...Wird seine Freiheit, das Lebendige und Schaffende in ihm angerufen?...Geht es dabei um die Sache, und daß sie so getan werde, wie sie ihrem Wesen nach getan sein will?

Möge man doch nicht einwenden, das seien private, geschichtlich unwirksame Dinge, denn das wäre nicht wahr. Jeder, auch der gewaltigste, geschichtliche Vorgang hat einmal die Form einer solchen Situation; und wie diese Situation bewältigt wird, so geht von da ab die Geschichte. Darin besteht aber das Beunruhigende der gegenwärtigen Zeit: daß diese Dinge in keinem Sinne mehr selbstverständlich sind. Gewiß sind auch früher die Wahrheit, das Recht, die personale Würde, der Zusammenhang mit der schöpferischen Mitte des anderen Menschen nicht immer, vielleicht nicht einmal der Regel nach gewahrt worden; sie waren aber doch grundsätzlich anerkannt. Es bestand eine Geneigtheit, sie zu berücksichtigen, und der Einzelne konnte, wenn er richtig gesinnt war, jederzeit zu ihrer Verwirklichung übergehen. Das hat sich geändert; und eben das ist es, worauf sich das immer stärker anwachsende »Unbehagen in der Kultur« richtet; das Gefühl, die Dinge stimmten nicht mehr. So muß erkannt werden, daß es sich hier nicht nur um Angelegenheiten privater Moral, sondern um solche des realen Geschichtsganges, der konkreten Politik, des Geratens oder Fehlgehens unseres Staats- und Kulturlebens handelt.

II

Machen wir den weder leichten noch dankbaren Versuch, einige praktische Gesichtspunkte anzudeuten.
Zum Wesen eines wirklich praktischen Vorschlages gehört aber, daß er ausführbar sei, was heißt, daß er konkret werden muß. Versuchen wir es also; auch auf die Gefahr hin, er könne »moralisch« klingen. In Wahrheit rechnen ja noch die nüchternsten »Realisten«, ebenso wie die von allen »Vorurteilen« am weitesten abgelösten Werkschöpfer darauf, es möge noch hinreichend viele Leute geben, die aus der verspotteten »Moral« heraus leben; denn sie, nicht die »freien Geister« sind es, die das Dasein tragen.

Zuerst also: Wir müssen wieder etwas von dem verwirklichen, was kontemplative Haltung heißt – aber verwirklichen, nicht nur interessant davon reden.
Überall ist Aktion, überall Organisation und Betrieb – von woher werden sie aber gelenkt? Von einem Innern, das bei sich selbst nicht zu Hause ist, sondern aus seinen Oberflächenbereichen, dem bloßen Verstand, dem Zweckwillen, den Macht-, Besitz-, Genußimpulsen heraus denkt, urteilt, handelt. Das keinen Kontakt mit der Wahrheit, mit der Mitte des Lebens, mit dem Wessentlichen und Bleibenden mehr hat, sondern irgendwo im Vorläufigen und Zufälligen herumtreibt. So muß die Tiefe des Menschen wieder erwachen. In seinem Leben muß es wieder Zeiten, in seinem Tag Augenblicke geben, in denen er still wird, sich sammelt und sich mit offenem Herzen eine der Fragen vorlegt, die ihn am Tag berührt haben. Mit einem Wort: er muß wieder meditieren und beten.
Wie er das tun soll, kann man nicht allgemein sagen. Es hängt davon ab, welche Grundübezeugungen er hat; wo er religiös steht; aus welchem Temperament und in welcher Umgebung er lebt. Auf jeden Fall muß er sich aus der Hetze herausholen; still und anwesend werden; sich einem Wort der Frömmig-

keit, der Weisheit, der sittlichen Ehre öffnen, ob er es nun aus der Heiligen Schrift, aus Platon oder Pascal, aus Goethe oder Jeremias Gotthelf holt. Er muß sich der Kritik stellen, die dieses Wort an ihm übt, und von dorther eines der Probleme prüfen, welche das tägliche Leben an ihn heranträgt. Erst eine solcherweise vertiefte Haltung kann den Mächten der Umwelt gegenüber Stand gewinnen[29].

Dann: Wir müssen wieder die elementare Frage nach dem Wesen der Dinge stellen.
Schon eine flüchtige Prüfung zeigt uns, wie schematisch wir sie nehmen; wie sehr wir durch Konventionen bestimmt sind; aus welch oberflächlichen Gesichtspunkten des Vorteils, der Bequemlichkeit und Zeitersparnis wir sie handhaben. Die Dinge haben aber ein Wesen; wenn das verkommt oder vergewaltigt wird, dann zieht sich ein Widerstand zusammen, gegen den weder List noch Gewalt mehr helfen. Die Wirklichkeit sperrt sich dann gegen den menschlichen Griff. Die Ordnungen gehen aus den Fugen. Die Achsen des wirtschaftlichen, gesellschaftlichen, politischen Gefüges laufen sich heiß. Man kann mit den Dingen nicht umgehen, wie man will, wenigstens nicht im Ganzen und auf die Dauer, sondern nur so, wie es ihrem Wesen entspricht, sonst bereitet man Katastrophen vor. Wer sehen kann, sieht, wie überall die Katastrophe der falsch gehandhabten Wirklichkeit im Gange ist.
Also müssen wir wieder an das Wesen des Seienden herankommen und fragen: Was ist Arbeit, sobald sie im Zusammenhang des Lebens gesehen wird?...Was sind Recht und Gesetz, wenn sie helfen und nicht hindern sollen?...Was ist Besitz; sein Recht und sein Unrecht?...Was ist echter Befehl, und wodurch wird er möglich?...Was ist Gehorsam, und wie

---

[29] Vielleicht darf ich in diesem Zusammenhang meine Schrift »Vorschule des Betens«, Einsiedeln-Zürich, ⁵1956 nennen. Sie versucht, von den christlichen Voraussetzungen her Wesen und Vollzugsweise der kontemplativen Elementarakte zu beschreiben. Neuauflage 1986.

steht er in der Freiheit?...Was bedeuten Gesundheit, Krankheit, Tod? Was Freundschaft und Kameradschaft?...Wann darf das Hingezogensein zum Anderen den großen Namen der Liebe in Anspruch nehmen?...Was meint jene Verbundenheit von Mann und Frau, die Ehe heißt? Die nachgerade so verwildert ist, daß nur Wenige überhaupt einen Begriff von ihr zu haben scheinen, obwohl sie doch das ganze menschliche Dasein trägt?...Gibt es eine Rangordnung der Werte? Was ist darin das Wichtigste? Was weniger wichtig? Was gleichgültig? Und so fort.

Wir leben aus diesen Grundwirklichkeiten, für sie, mit ihnen; wir handhaben sie, ordnen sie, reformieren sie – wissen wir aber, was sie sind? Offenbar nicht, sonst könnten wir nicht so fahrlässig mit ihnen umgehen. Also müssen wir es lernen; und nicht nur rational, sondern so, daß wir vor ihr Wesen gelangen, von ihrem Sinn getroffen werden[30].

Weiter: Wir müssen wieder lernen, daß die Herrschaft über die Welt die Herrschaft über uns selbst voraussetzt; denn wie sollen Menschen die Ungeheuerlichkeiten von Macht, die ihnen immerfort zuwächst, bewältigen, wenn sie sich selbst nicht formen können? Wie sollen sie politische oder kulturelle Entscheidungen fällen, wenn sie sich selbst gegenüber immerfort versagen?

Es gab eine Zeit, da haben Philosophen, Historiker und Dichter das Wort »Askese« als Ausdruck mittelalterlicher Lebensfeindschaft angesehen und eine Ethik der Unmittelbarkeit und des Sich-Auslebens vertreten. Mittlerweile hat sich das wohl geändert, wenigstens bei solchen, deren Denken und Urteilen aus Verantwortung kommt. Jedenfalls tun wir gut, uns klar zu machen, daß ohne Askese nie etwas

---

[30] Eine Hilfe dazu leisten die ebenso wissenden wie gütigen Schriften von Josef Pieper, deren letzte »Muße und Kult« (München 1948) und »Das Schweigen Goethes« (1951) kleine Meisterwerke sind. – Oder Otto Fr. Bollnows »Einfache Sittlichkeit« (Göttingen 1947). – Nicht zu vergessen die vor langem erschienenen und immer noch nicht übertroffenen Schriften von Fr. W. Foerster: »Lebenskunde« (1904 ff), »Lebensführung« (1909 ff) u. a.

Großes geworden ist; worum es aber heute geht, ist etwas sehr Großes, nein Endgültiges. Es ist die Entscheidung, ob wir das uns aufgetragene Herrschaftswerk so vollbringen, daß es zur Freiheit, oder aber zur Knechtschaft führt.
Askese bedeutet, daß der Mensch sich selbst in die Hand bekomme. Dazu muß er das Unrecht im eigenen Innern erkennen und es wirksam angreifen...Er muß seine physischen wie geistigen Triebe ordnen, was ohne Selbstüberwindung nicht möglich ist...Er muß sich erziehen, seine Habe in Freiheit zu besitzen und das Geringere um des Höheren willen zu opfern...Er muß um die Freiheit und Gesundheit seines Inneren kämpfen: gegen die Maschinerie der Reklame, gegen die Flut der Sensationen, gegen den Lärm in allen Formen, wie sie von allen Seiten her auf ihn eindringen...Er muß sich zur Distanz erziehen; zur Unabhängigkeit des Urteils; zum Widerstand gegen das, was »man« sagt...Straße, Verkehr, Zeitung, Rundfunk, Kino stellen Aufgaben der Selbsterziehung, ja der elementarsten Selbstverteidigung, die weithin nicht einmal geahnt, geschweige denn klar gestellt und in Angriff genommen sind...Überall kapituliert der Mensch vor den Mächten der Barbarei – Askese bedeutet, daß er nicht kapituliere, sondern kämpfe, und zwar an der entscheidenden Stelle, nämlich gegen sich selbst[31]. Daß er

---

[31] Ein einziges, kleines, aber erschütterndes Beispiel: In ihrer Nummer vom 6. Sept. 51 berichtet die Hamburger »Zeit«, daß »ein moderner Hörspielautor...bei Nacht aus seiner Wohnung heimlich ein Mikrophon hinunterließ, just vor das geöffnete Schlafzimmerfenster eines älteren Ehepaares, das die untere Etage bewohnte. Es war dann der Nordwestdeutsche Rundfunk, der die eheliche Streitszene gemeinsam mit anderen Mikrophon-»Schnappschüssen« aus dem täglichen Leben unter dem Titel »Bock-Sprünge« verbreitete, denn der Autor dieser Folge von Indiskretionen hieß Bock. Nicht so, als ob es bei alledem im Hamburger Sendehaus keine Bedenken gegeben hätte! Die Bedenken waren jedoch nicht moralischer, sondern juristischer Art. Sie wurden endlich zerstreut, als der Hörspielautor glaubwürdig darlegen konnte, daß all die Menschen, die er heimlich belauscht und deren Intimitäten er »dokumentarisch« auf dem Magnetophonband festgehalten hatte, ihm ihr Einverständnis zur Verbreitung gegeben hatten, und dies sogar schriftlich.« Das ist eine solche Kapitulation. Welche Motive sie herbeigeführt haben, ist eine Frage für sich. Jedenfalls ist sie, wie der Verfasser des Artikels

durch Selbstzucht und Selbstüberwindung von innen heraus wachse, damit das Leben in Ehren stehe und seinem Sinn gemäß fruchtbar werde...

Ferner: Wir müssen wieder im Ernst die Frage nach dem letzten Beziehungspunkt unserer Existenz, nach Gott stellen. Der Mensch ist nicht so beschaffen, daß er in sich fertig wäre und außerdem, je nach Meinung und Belieben, zu Gott in Beziehung treten könnte oder auch nicht; sein Wesen besteht vielmehr entscheidenderweise in seiner Beziehung zu Gott. Den Menschen gibt es nur als auf Gott bezogenen; und dadurch, wie er diese Beziehung versteht, wie ernst er sie nimmt und was er aus ihr heraus tut, bestimmt sich sein Charakter. Das ist so, und daran ändert kein Philosoph noch Politiker, kein Dichter noch Psychologe etwas.
Es ist nicht gut, vor Wirklichkeiten zu tun, als ob sie nicht wären, denn dann rächen sie sich. Wenn Triebe verdrängt werden, oder Konflikte unbereinigt bleiben, entstehen Neurosen. Gott ist die Wirklichkeit, welche jede andere, auch die menschliche, begründet. Wenn Ihm sein Recht nicht geschieht, wird das Dasein krank.
Und endlich: Die jeweilige Sache so tun, wie sie ihrer Wahrheit nach getan sein will. Aus der Freiheit des Geistes über die Hemmungen drinnen und draußen, über Selbstsucht, Trägheit, Feigheit, Menschenrücksicht hinweggehen und mit Zuversicht tun.
Damit ist nichts Programmatisches gemeint, sondern das, was jeweils jetzt und hier richtig ist: daß man einen Menschen, der in Not ist, nicht erst bitten lasse, sondern auf ihn

---

sagt, »erstaunlich und – erschreckend«; um so mehr, als »die Öffentlichkeit den ›Spaß‹ widerspruchslos hinnahm«. Sie zeigt, wozu der haltlos gewordene Mensch unserer Zeit sich bereit findet. Ist hier die Veröffentlichung des Menschen nicht schon da? Sehen wir, was hier Askese bedeutet? Den Kampf gegen den Verräter des Menschen in ihm selbst? Und daß er nicht mit sanftem Idealismus und dem Glauben an die Güte der menschlichen Natur geführt werden kann?

zugehe und ihm helfe...daß man eine Amtshandlung so vollziehe, wie es von der gesunden Vernunft und der menschlichen Würde her richtig ist...eine Wahrheit ausspreche, sobald es für sie Zeit ist, auch wenn sie Widerspruch oder Lachen hervorruft...eine Verantwortung übernehme, wenn das Gewissen sagt, man sei dazu verpflichtet, und so fort. So zu tun, bildet einen Weg, der, in Redlichkeit und Mut gegangen, sehr weit führt. Niemand weiß, wie weit in jenen Bereich hinein, wo sich die Dinge der Zeit entscheiden.

Vielleicht wirkt es sonderbar, wenn unsere Überlegung nach so umfassenden Fragen schließlich in den individuellsten Raum einmündet.
Aber nach dem Titel des Buches sollte ja der »Versuch einer Wegweisung« unternommen werden. Welchen Sinn hätte es da, wenn man Ideen entwickelte, jedoch den Punkt außer Acht ließe, von dem aus sie sowohl verwirklicht wie verfehlt werden?
Auch wird dem Leser nicht entgangen sein, daß es sich hier nicht darum gehandelt hat, Programme oder gar Rezepte zu geben, sondern die Initiative freizumachen, aus welcher ein fruchtbares Tun hervorgehen kann.